城市轨道交通车辆咨询及监造系列丛书

丛书主编　朱士友　米晋生

轨道交通工程质量通病防治手册
（车辆专业）

主　编　曾　妮　蒋　俊
副主编　陈　彬　刘郑伟　李靓娟

中国建筑工业出版社

图书在版编目（CIP）数据

轨道交通工程质量通病防治手册（车辆专业）/曾妮，蒋俊主编. —北京：中国建筑工业出版社，2018.12
城市轨道交通车辆咨询及监造系列丛书/朱士友，米晋生丛书主编
ISBN 978-7-112-23084-6

Ⅰ.①轨… Ⅱ.①曾… ②蒋… Ⅲ.①地下铁道－铁路车辆－质量管理－手册 Ⅳ.①U231-62

中国版本图书馆CIP数据核字（2018）第290667号

责任编辑：曾　威　王华月
责任校对：王　瑞

城市轨道交通车辆咨询及监造系列丛书
丛书主编　朱士友　米晋生
轨道交通工程质量通病防治手册（车辆专业）
主　编　曾　妮　蒋　俊
副主编　陈　彬　刘郑伟　李靓娟

*

中国建筑工业出版社出版、发行（北京海淀三里河路9号）
各地新华书店、建筑书店经销
北京建筑工业印刷厂制版
北京缤索印刷有限公司印刷

*

开本：787×1092毫米　1/16　印张：11$\frac{1}{2}$　字数：277千字
2019年5月第一版　　2019年5月第一次印刷
定价：**160.00元**
ISBN 978-7-112-23084-6
（33164）

版权所有　翻印必究
如有印装质量问题，可寄本社退换
（邮政编码 100037）

轨道交通工程质量通病防治手册（车辆专业）

编 委 会

丛书主编： 朱士友　米晋生

顾　　问： 钟长平　王洪东　谢小兵　黄威然　王　虹

指　　导： 何　晔　吴顺宝　员　华

本书主编： 曾　妮　蒋　俊

副 主 编： 陈　彬　刘郑伟　李靓娟

编　　委：（按姓氏笔画排序）

　　　　　　王亚汉　朱正凯　余杏平　刘　燊　刘勇军

　　　　　　张　迪　陈熙栋　金　焰　赵朝星　曹兵奇

　　　　　　湛江平　瞿海平

主编单位： 广州轨道交通建设监理有限公司

序

随着新时代轨道交通的迅猛发展，带动了我国地铁车辆制造业的突飞猛进，地铁车辆的生产已从早期的依靠进口，转变为目前90%以上国产化的格局。国内越来越多的轨道交通相关产品制造企业加入到轨道交通车辆及各系统部件生产的大军中，随之而来的地铁车辆的生产质量亦成为影响我国城市轨道交通发展的重大关键问题之一。

地铁车辆是一个技术复杂、多专业的综合产品，涉及牵引级辅助电源、空气制动、连接装置（车钩及缓冲装置、贯通道）、车门、空调、走行部、列车广播和乘客信息显示、列车控制及诊断等九大系统，涵盖机械、电力、电子技术、微机控制技术、网络、材料等专业领域，是一个多学科、多专业、技术含量高的产品。地铁车辆设计和制造是一个大系统集成工程，其质量及运行安全需要从部件选型、生产制造、试验验收等各方面进行把控，规避后期可能出现的问题及存在的风险，因此，十分需要设计、咨询、监造、运营等领域的专业人员交流技术、传授经验。

该手册作者根据长期从事多个项目地铁车辆技术咨询及监造工作中积累的丰富经验，总结和汇总了地铁车辆设计、生产制造、维修及运营过程中的常见问题，列举了车体及内装、受电弓、车钩、转向架、牵引系统、辅助系统、空调与通风系统等车辆重要系统部件在车辆生产、试验、运营过程中的多项质量通病案例，还包含了车辆与其他专业接口的问题案例。同时对案例进行了问题描述及分析，并描述了处理方法，总结了防治措施。

该手册以地铁车辆专业质量通病防治案例为题材，为国内首次，且内容丰富。对防治地铁车辆质量通病、提高地铁车辆制造质量、确保地铁车辆运营安全具有指导作用，对从事地铁车辆设计制造、咨询监造、运营维护等相关工作及教学人员具有重要参考价值。

2019年3月

前言

广州轨道交通建设监理有限公司于2010年进入轨道交通车辆技术咨询及监造领域，至今已有8年，所负责的轨道交通车辆咨询项目达20余项，监造车辆达2342辆，为国内多个城市（如广州、长沙、兰州、厦门、佛山及宁波等）的轨道交通车辆提供了设计、生产、试运营等全过程的技术支持，为城市轨道交通的发展做出了应有的贡献。然而轨道交通的车辆在设计、制造、运营及维修过程中经常出现各种各样的质量问题，安全事故苗头也时有发生，对运营安全构成了重大威胁。为了更好地提高车辆制造质量，确保车辆运营安全，提高城轨列车的服务质量和运营水平，因此，如何避免各类安全事故的发生，已经成为我们必须面对的课题和重要任务。

该手册主要汇总了地铁车辆设计、生产制造、维修及运营过程中的"常见病"、"多发病"，并进行了详细分类，主要包括车体及内装、受电弓、连接装置、转向架、牵引系统、辅助系统、空调与通风系统、空气制动与风源系统、其他共九章，列举了多项质量、安全通病项目。深入剖析了通病产生的原因、处理方法和预防措施总结，重点提出了预防措施，以预防为主、防控结合、举一反三的方针，杜绝类似问题发生。

细节决定成败，责任重于泰山。目前，全国各城市轨道交通正处于飞速发展阶段，未来将面临车辆设计、制造、运营及维护的质量、安全压力越来越大的问题。本手册可作为轨道车辆技术咨询人员、监造人员、项目管理人员，以及运营、维修单位的管理人员的学习素材和培训资料，同时也可作为车辆设计人员和大专院校车辆专业师生参考用书。希望广大从业者和读者能够从中汲取经验、教训，以史为鉴，认真总结，为轨道交通事业的蓬勃发展，做到"造好车、供好车、用好车"而努力奋斗。

由于编写车辆专业质量通病防治手册在国内属于首次，尚且缺乏经验，又受时间、人力、编写人员水平和资料的限制。因此，本册仍存在许多不足之处，敬请读者谅解并提出宝贵意见，以使今后补充修正。为此我们表示衷心感谢！

目　录

001　第一章　车体及内装

第一节　客室隔热、隔声材料不合格 …………………………… 002
第二节　客室内装安装质量问题 …………………………………… 004
第三节　客室地板布焊缝起翘 ……………………………………… 008
第四节　司机室侧门门槛与内装无法对中 ……………………… 010
第五节　贯通道折棚内饰板下垂 …………………………………… 012
第六节　客室门中空玻璃爆裂 ……………………………………… 014
第七节　车门门槛被划伤 …………………………………………… 016
第八节　座椅靠背松动异响 ………………………………………… 019
第九节　侧顶板干涉错台 …………………………………………… 021
第十节　列车客室内漏水 …………………………………………… 023
第十一节　不锈钢件焊缝未钝化处理 …………………………… 025
第十二节　车体外墙腰带与门页腰带错位超差 ………………… 027
第十三节　工装夹具没有采取防护措施 ………………………… 029
第十四节　防寒棉脱落 ……………………………………………… 031
第十五节　逃生门与安装立柱干涉导致无法安装 ……………… 033
第十六节　关于地板布脱胶的质量问题分析 …………………… 035
第十七节　客室车门警示标识翘起 ……………………………… 037
第十八节　客室车门端部解锁弹性圆柱销断裂 ………………… 039
第十九节　塞拉门下滚轮组合脱落 ……………………………… 041
第二十节　逃生门门页密封胶失效 ……………………………… 044
第二十一节　拉手异响 ……………………………………………… 046
第二十二节　客室座椅端板 ………………………………………… 048
第二十三节　司机室侧门与车体不平齐 ………………………… 050

055　第二章　受电弓

第一节　弓网检测装置玻璃罩裂纹 ……………………………… 056
第二节　受电弓生锈 ………………………………………………… 058

第三节　受电弓编织导线与上框架之间缺少过渡垫片 060
第四节　机械气动受电弓拉伸弹簧侧链条断裂引发刮弓 061
第五节　受电弓弓角裂纹 064

067　第三章　连接装置

第一节　车钩四点接触器磨损 068
第二节　车钩电磁阀卡滞 070
第三节　半永久牵引杆撞伤 072
第四节　贯通道折棚开线 076

079　第四章　转向架

第一节　轴端压盖安装螺栓断裂 080
第二节　抗侧滚拉杆异响 084
第三节　液压减振器漏油 086
第四节　空气簧漏气 088
第五节　车辆轴重超差 090
第六节　轮对生锈 093
第七节　车轮降噪阻尼器螺栓断裂 095
第八节　关于联轴节油堵渗油的质量问题分析 097
第九节　齿轮箱油发黑 099
第十节　一系钢弹簧转动 101
第十一节　车辆转向架异响 103
第十二节　转向架构架焊缝缺陷 105
第十三节　转向架轴端速度传感器轴箱进水 107

111　第五章　牵引系统

第一节　牵引箱上方遗留 M10 扳手 112
第二节　地铁车辆牵引电机轴承故障 114
第三节　牵引电机在运输过程中轴承损伤 116
第四节　牵引电机抖动 118
第五节　齿轮箱油标观察板出现裂纹 121
第六节　地铁齿轮箱渗油 123
第七节　牵引电机速度传感器与测速齿轮干涉 126

127 第六章 辅助系统

第一节 辅助逆变器箱内电缆线号老化 ········· 128
第二节 应急启动按钮按压时间过长 ············ 130
第三节 蓄电池组无输出 ·························· 132
第四节 辅助电源箱冷却风机电机烧损 ········· 134
第五节 车辆列车24V电源模块烧损 ············ 136

139 第七章 空调与通风系统

第一节 废排风机生锈导致异响 ················· 140
第二节 空调机组风阀执行器防护等级通病 ··· 142
第三节 冷凝风机温度传感器输入电源插头紧固螺钉生锈 ··· 144

147 第八章 空气制动与风源系统

第一节 空压机启动后正上方客室内地板和立柱振感强烈 ··· 148
第二节 空压机连接安全阀接口螺母松动 ····· 151
第三节 空气压缩机干燥塔故障无监测 ········ 153
第四节 制动系统管路接头及锁紧螺母锈蚀 ·· 155
第五节 基础制动单元软管裂纹 ················· 157

159 第九章 其他

第一节 车底紧固件、部件严重锈蚀 ············ 160
第二节 车门滑动组件油杯不出油问题 ········ 163
第三节 车辆线缆布线施工常见问题 ············ 165
第四节 车辆生产过程物料使用错误 ············ 168
第五节 设备标签问题影响检修 ················· 170
第六节 接线问题导致牵引功能失效 ············ 173

第一章 车体及内装

主要参编人员：曹兵奇 瞿海平 等

第一节　客室隔热、隔声材料不合格

1. 质量问题描述

在某地铁车辆生产制造过程中，因客室隔热、隔声材料现场抽检（样品可燃）不合格，导致十几列车该工序返工，已安装完成的客室内装设备（侧墙、顶板、电气柜等）须全部拆除后重新安装，造成大量人力、物力的浪费，严重影响了工期。

中城装备（2014）63号《城市轨道交通B型电动客车用户需求书（范本）》文件对客室隔热、隔声材料规定如下：

（1）内装材料的环保性能符合《机车车辆内装材料及室内空气有害物质限量》（TB/T 3139—2006）标准要求。

（2）隔热、隔声材料：底架、车顶、侧墙、端墙的隔热、隔声材料符合DIN5510或BS6853标准响应等级的防火和安全要求，并在使用和检修过程中对人身无危害。

2. 问题图片

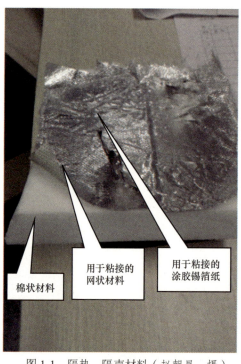

图1-1　隔热、隔声材料（赵朝星　摄）

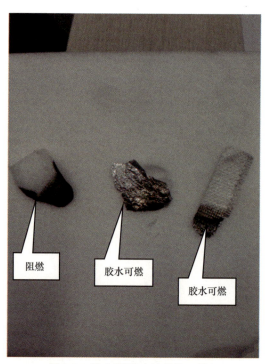

图1-2　防火测试（赵朝星　摄）

3. 质量问题分析

该型号的隔热、隔声材料（图 1-1、图 1-2），经防火测试，组成的部分材料是阻燃合格的，但是用于粘接的胶水是可燃的，导致该材料整体性能的不合格。经调查供货商出具的材料试验等报告是合格的，但是经燃烧试验发现胶水不合格，导致整体隔热、隔音材料是不符合要求的。

4. 处理方法

对整车隔热、隔声材料更新处理，要求新的材料各项检验符合标准 DIN5510 或 BS6853 要求。

5. 防治措施

在车辆咨询监造过程中，应做好以下几点把控：

（1）设计联络阶段，要求车辆厂提供拟采用的内装隔热、隔声材料的说明文件及第三方检验报告，必要时可提供样品。

（2）车辆生产制造过程中，在隔热、隔声材料隐蔽前进行抽检，检查材料的合格证书、检测报告等。可以截取小块样品做简易的测试，将材料分解，分别进行燃烧测试，检查是否满足合同及标准要求。

第二节　客室内装安装质量问题

1. 质量问题描述

某项目车辆现场监造过程中，发现多处侧墙板出现松动、中顶板端部缝隙较大、中间扶手松动、中顶板及灯罩板端部缝隙较大、装饰条折弯处不平顺、座椅横向扶手松动、立柱扶手管径大小不一致导致拼接处有台阶等问题。如图 1-3～图 1-8 所示。

2. 问题图片

图 1-3　客室侧墙（朱正凯　摄）

图 1-4　客室墙板背部安装压条（朱正凯　摄）

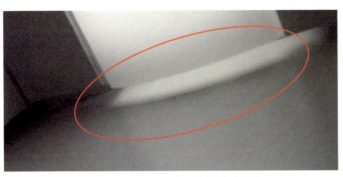
图1-5　中顶板及灯罩板端部缝隙较大
（金焰　摄）

图1-6　折弯处不平顺
（金焰　摄）

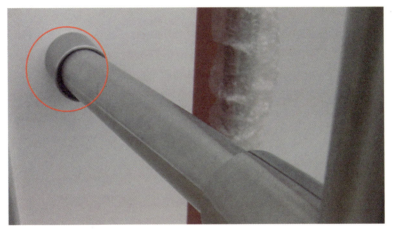
图1-7　座椅横向扶手松动（金焰　摄）

图1-8　立柱扶手松动（金焰　摄）

3. 质量问题分析

经现场检查：

1）侧墙板出现松动的原因为：客室墙板松动位置位于门立罩板与墙板固定压条的

结合面。分析为装配过程中未能正确安装墙板固定压条，导致固定在门立罩板表面的固定压条与墙板之间预留的间隙过大，经过车辆振动后，造成客室墙板松动，同时，车辆在动态运行时，引发固定压条与墙板之间尼龙搭扣松脱，出现异响情况。

2）中顶板及灯罩板之间缝隙较大、座椅横向扶手松动和立柱扶手松动由于作业人员安装不规范造成。造成上述问题的原因主要分为以下几类：

（1）在内装设计中，设计图纸中没有对这些细节进行要求；

（2）供应商对首件的检查不够仔细，未严格对照设计图纸进行核对；

（3）到场材料的开箱检查，质量检查人员对于检查流于形式；

（4）安装后，质量检查人员对工艺质量的检查要求过松。

4. 处理方法

将安装在门立罩板表面的固定压条向前移动 4mm，减小与墙板之间的间隙，使固定压条和墙板之间的搭扣更加牢固，经现场重新安装后，客室墙板与固定压条安装牢固；同时修改安装工艺文件，避免后续车辆组装重复出现。

中顶板及灯罩板之间缝隙较大、座椅横向扶手松动和立柱扶手松动三个问题由作业人员对其进行调整。

5. 防治措施

1）设计图纸审查阶段

在对内装设计图纸审核时，要求供应商提供的图纸应尽量细化，并对于拼接口或搭接位置要求提供细化图纸。

2）首件检查阶段

内装首件检查应重点检查各个部件的尺寸是否满足设计要求。

3）到场材料的开箱：要求供应商须提前通知监造人员参加开箱检查。对于检查出的不合格材料，供应商必须按合同要求或质量管理体系程序进行处理，并及时跟踪处理情况。

4）生产制造阶段

应将客室内装设立专门的检查项点，主要包括客室中顶板、侧顶板、墙板、客室座椅、扶手以及地板布等，重点检查内装的安装缝隙、安装质量问题。

（1）客室中顶板安装

应当注意相邻中顶板之间密封胶条在安装前须粘接牢固，保证空调机组开启后，不容许缝隙间漏风；中顶板之间缝隙要安装均匀，不能影响美观。

（2）客室侧顶板安装

首先要保证每块侧顶板方孔锁已锁闭牢固，锁闭后的侧顶板之间不容许存在刮蹭、卡滞，保证与相邻部件之间的缝隙均匀；其次，在客室空调机组开启后或列车运行时，检查侧顶板背面的支撑杆是否会产生振动、异响；最后，检查侧顶板完全打开后的维修空间是否满足设计要求。

（3）客室座椅安装

首先要保证座椅边缘与屏风玻璃（如有）之间的缝隙≤3mm，防止乘客手指不小心夹入缝隙中;其次,座椅在安装后,用手按动座椅靠背,是否有振动、异响;最后,确保座椅与侧墙之间的填充胶条安装平整、美观,无凹陷或突起,中间无接头。

(4)客室立柱、扶手安装

首先检查立柱、扶手表面是否有毛刺,防止划伤乘客手指;其次,立柱、扶手安装后用手拍打,检查是否有异响;最后,用手左右晃动立柱、扶手,检查是否会转动或松动。

第三节　客室地板布焊缝起翘

1. 质量问题描述

某项目车辆现场监造过程中，发现地板布出现焊缝填充物起翘，长度约为 150mm，针对该问题进行普查，发现多处类似问题。如图 1-9 所示。

2. 问题图片

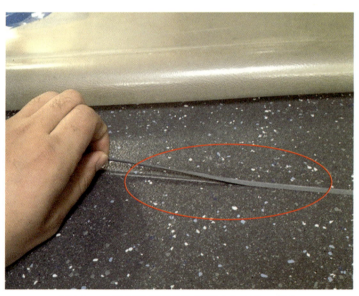

图 1-9　地板布焊缝填充物起翘（朱正凯　摄）

3. 质量问题分析

由于纵向铺设的地板布焊缝较长，操作者蹲着使用焊枪手动沿着地板布焊缝进行后退式操作，随着时间的推移，操作者下蹲疲倦，易造成手动焊枪（图 1-10a）不能匀速行驶（行驶过快时焊条融化不够，行驶过慢容易将地板布烤焦），以至于局部焊条不能有效的融于地板缝，导致焊条粘接不牢固，加上后道工序人员来回走动，加快了地板布的开焊。

焊枪的工作温度为 450～500℃，焊枪预热后一般由工人凭经验判断焊枪温度，不能准确达到其工作温度，温度偏高或者偏低都会影响焊接效果（温度偏高容易将地板布烧焦，温度偏低焊条融化度不佳与地板布粘接不牢固）。

4. 处理方法

对于地板布焊缝起翘问题的处理方法是在隐蔽处（如座椅下）取断点并延至缺陷点，去除该段焊接带，然后使用异丙醇擦拭清洁两地板布之间接缝，晾干 10min 以上至残留异丙醇完全挥发后重新焊接。

5. 防治措施

监造过程中，应采取必要的预防措施：

1）在整车中间座椅下设一个断点，减少操作者长时间焊接的疲劳；
2）焊接过程焊枪应匀速移动，不能中途抬起；
3）对地板布焊缝采用全检。检查地板布之间焊缝是否均匀，是否存在虚焊现象；地板布在完成铺设后，检查地板布表面保护是否存在漏点；地板布铺设后须做好成品保护，并在车辆后续安装过程中确保成品保护措施不被破坏。
4）地板布焊缝焊接建议采用自动焊枪（图 1-10b），避免出现焊缝开焊现象。

目前，客室地板布焊缝焊接分为人工焊接（图 1-10c）和机器自动焊接（图 1-10d）两种。人工焊接对工人的操作水平要求较高，易出现上述质量问题。机器自动焊接相比于人工焊接能够有效保证焊线平直、熔合完全，焊接牢固，无热熔疤、烧疤、变色现象。

（a）手动焊枪

（b）自动焊枪

（c）人工焊接

（d）自动焊接

图 1-10　手动焊枪、自动焊枪、人工焊接与自动焊接（刘燊　摄）

第四节　司机室侧门门槛与内装无法对中

1. 质量问题描述

在某项目监造过程中，发现列车司机室侧门（左）门槛在安装过程中无法与门侧墙及门立柱罩板对中，门槛与两侧相邻内装部件之间间隙不均匀。如图 1-11 所示。

2. 问题图片

图 1-11　按照方案 3 安装后图片（曹兵奇　摄）

3. 质量问题分析

门槛与内装不对中的原因为司机侧门（左）门槛在与内装对中调整过程中，在向左侧平移过程中与车体肋板发生干涉，无法按图纸要求进行安装。经检查，门槛左端（由车外向车内）相邻部位车体肋板焊接变形，导致门槛无法按照理论移动线进行安装，只能按照实际移动线移动（图 1-12），若按实际线移动，则无法安装门槛。

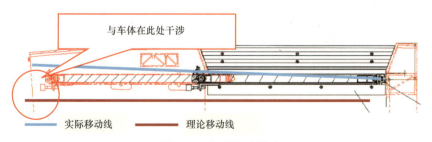

图 1-12　门槛位移图片

4. 处理方法

针对此问题，可采用以下三种方案解决：

（1）对干涉的车体进行处理

若对车体干涉部位进行处理，需切除干涉部位肋板，重新进行焊接。

此解决方案需要完成门板的拆卸，司机室内装的拆卸（包括司机台、司机室侧墙板、司机室平顶板、司机室弯间壁、司机室侧门罩板），同时也包括司机台接线，司机室平顶板灯、插头的拆卸，此方案拆动量极大。

因电气柜线束已完成安装，车体再处理干涉位置，存在对已完成线束造成损伤的风险。

（2）对门槛进行处理

若对门槛进行处理，需切除部分门槛，以解决干涉问题，同时使得门槛安装后，门槛左右侧距离内装部件间隙均匀。

此解决方案需要完成门板、司机室侧门罩板及司机室侧门罩板上接线的拆卸。拆动量较方案（1）小。

门槛处理后，因处理门槛尾部，在门开到位的状态下，门板与下滑道的搭接量减少，存在门槛掉道及门板晃动增大的风险。

（3）将门槛推至最左侧，在门槛与司机室侧门罩板处施加密封胶

此解决方案无方案（1）和方案（2）的风险大，仅影响内装美观程度，不影响功能，即司机室侧门罩板处的密封胶宽度较其他车辆宽。

综上所述，经专题会议评估，为避免车辆内装拆卸及拆卸所产生的不确定性，对此车采用方案（3）进行处理，要求主机厂通过技术通知对此方案进行明确。

5. 防治措施

在城轨车辆制造过程中，因前工序零部件制造误差会导致后工序零部件安装出现问题。一般情况下，需处理产生误差的前工序零部件，从源头解决问题。但若是前工序部件处理困难或者处理过程中存在巨大风险，需综合考虑，在保证列车运行质量和运行安全的情况下，可让步放行，采用最优的整改方案。

预防措施：在后续生产过程中需加强关键工序检查，严格检查车体尺寸，保证车体尺寸符合图纸要求。

第五节　贯通道折棚内饰板下垂

1. 质量问题描述

在某项目监造过程中，发现贯通道折棚内饰板下垂，导致车辆通过曲线时内饰板裙边与贯通道渡板发生干涉。经现场测量，裙边与渡板之间间隙仅为 1～2mm，超出图纸中该处间隙大于 9mm 的要求。如图 1-13 所示。

2. 问题图片

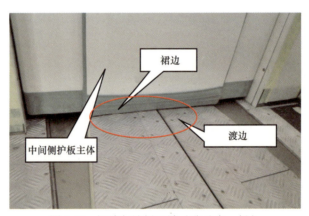

图 1-13　裙边与渡板干涉（曹兵奇　摄）

3. 质量问题分析

（1）经测量，两边侧护板裙边与踏板之间的间隙为 24mm（如图 1-14），符合图纸要求。因侧护板是通过边护板上的安装座来安装固定的，所以判断侧护板的安装没有问题。

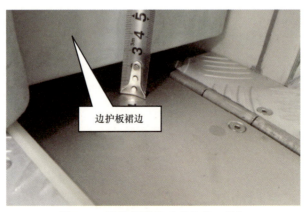

图 1-14　边护板裙边（曹兵奇　摄）

（2）经测量中间侧护板的总高度为1916mm（图1-15），超出图纸要求尺寸6mm（图纸要求尺寸：1910mm），进一步观察中间护板裙边安装时底部没有靠紧，有3mm的间隙。此问题可导致裙边间隙减小。

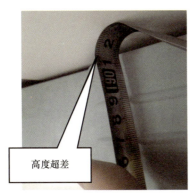
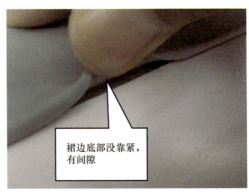

图1-15　裙边底部（曹兵奇　摄）

综上所述，贯通道中间侧护板下垂的原因为：贯通道中间侧护板高度超差，中间侧护板主体和侧护板裙边安装时存在超差造成。

4. 处理方法

经专题会议讨论，整改方案如下：

（1）对于已生产的侧护板，在现场或者返厂进行切割，符合要求后重新安装。图纸要求间隙9mm，但考虑到贯通道中间底部支撑的安装误差、其他部件加工和组装累计误差以及车辆是否停靠在平直轨道上的误差，在实际生产中无法满足9mm间隙要求，经各方同意，将间隙要求调整到5～15mm。

（2）后续侧护板来料后严格控制质量，确保不再出现此类问题。

5. 防治措施

针对此类质量问题，应从以下几个方面进行控制：

（1）加强部件供应商物料检查，在首件检查及首列车试制过程中检查物料是否符合相关技术要求。

（2）批量供货时，督促主机厂做好来料检查工作，并进行抽查，确保物料符合合同及相关技术要求。

（3）贯通道侧护板裙边与踏板安装后，检查其间隙须满足设计要求。

第六节　客室门中空玻璃爆裂

1. 质量问题描述

某项目车辆在运输途中发现 1 扇客室门中空玻璃爆裂。如图 1-16 所示。

2. 问题图片

图 1-16　玻璃爆裂图片（曹兵奇　摄）

3. 质量问题分析

一般情况下，产生玻璃爆裂的原因有以下四个方面：

（1）玻璃受外力作用导致爆裂；

（2）若玻璃原材料中含有 NiS 结晶体，则导致产品容易受外界环境作用发生自爆；

（3）若玻璃刚性较强（破碎后碎片数量＞300），存在一定的自爆率；

（4）若钢化玻璃产品应力处于标准上极限（90～140MPa），产品容易受外力作用发生爆裂。

根据现场玻璃爆裂情况分析：

（1）玻璃表面没有撞击痕迹，排除外力因素造成的破裂；

（2）从图 1-16 可以看出，碎片数量适中，50mm×50mm 正方形内的碎片数量不超过 300 个；

（3）本玻璃属于平玻璃，玻璃属于规则矩形，在装车时不易造成受力不均现象。

结论：从碎片状态可以看到起爆点有蝴蝶斑（图 1-17），符合 NiS 结晶体引起自爆的特征，初步判断本产品是 NiS 结晶体引起的自爆。

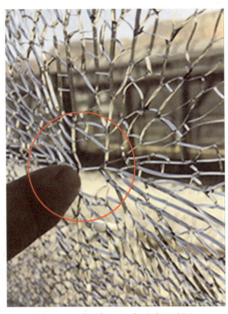

图 1-17　蝴蝶斑（曹兵奇　摄）

钢化玻璃自爆是由于生产钢化玻璃的原片内部存在一些结石而导致的钢化玻璃破碎的现象。在钢化玻璃自爆起始点处，会存在硫化镍结石，这些硫化镍结石在钢化玻璃生产过程中会把高温晶态（α-NiS）"冻结"并保留到常温下。由于这种高温晶态在常温状态下并不稳定，会随着时间逐步向常温晶态（β-NiS）转变，在转变的同时会伴随着一定的体积膨胀；若结石恰好存在于钢化玻璃的张应力区（玻璃板厚度方向的中部），则这种相变过程往往会导致钢化玻璃突然破碎，即钢化玻璃"自爆"现象。

一般情况下，钢化玻璃存在一定的自爆率，从技术角度出发，可以通过控制玻璃原片质量或进行二次热处理可大大降低钢化玻璃自爆率，但无法完全消除钢化玻璃的自爆。钢化玻璃的自爆率大概是 3‰～5‰。

4. 处理方法

（1）更换玻璃，将破损的玻璃和窗框上胶清理干净露出窗框的铝金属本色，再根据玻璃粘接返修工艺文件要求，重新粘接玻璃。

（2）后续跟踪关注，并对玻璃来料进行检查，保证玻璃质量。

（3）检查项点：玻璃外观良好，尺寸符合要求；无气泡（气体夹杂物）、结石（固体夹杂物）、裂纹、划痕、条纹和节瘤（玻璃态夹杂物）；合格证及其他证明材料齐全。

5. 防治措施

在监造过程中需对玻璃爆裂问题重点关注，认真分析玻璃发生爆裂的原因，排除人为或因玻璃质量引起的玻璃爆裂。同时，对玻璃来料进行分批次进行抽查，检查玻璃外观质量及合格证明文件，确保玻璃质量符合要求。

第七节　车门门槛被划伤

1. 质量问题描述

在某项目监造过程中，发现多处客室车门门槛划伤现象。

2. 问题图片

图 1-18　门槛划伤（曹兵奇　摄）

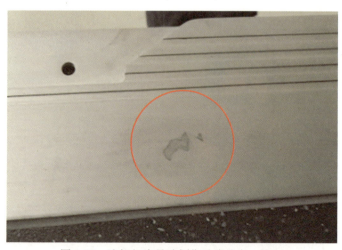

图 1-19　违规打磨导致划伤（曹兵奇　摄）

图 1-20　车门安装不符要求导致划伤（曹兵奇　摄）

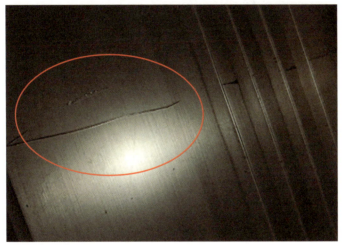

图 1-21　搬运其他部件进入客室过程中导致划伤（曹兵奇　摄）

3. 质量问题分析

（1）组装台位和车辆连接工装放置不当，工装位移使工装铁质边缘与门槛摩擦，导致门槛划伤（图 1-18）。

（2）车门供应商在处理门槛表面污渍的过程中，未按要求清洁，违规打磨，造成门槛表面氧化层破坏，导致门槛损伤（图 1-19）。

（3）门页安装过程中，门页下部挡销安装尺寸不符合图纸要求，导致开关门过程中挡销与导轨接触摩擦，造成门槛损伤（图 1-20）。

（4）其他工序作业人员在搬运物料过程中，未注意保护门槛，将物料拖入客室内，导致门槛划伤（图 1-21）。

（5）缺少门槛成品保护方案，门槛在安装完成后未做防护。

4. 处理方法

（1）制定门槛防护方案，建议使用 PVC 薄板和胶带对门槛进行防护（图 1-22）。

（2）对车门供应商作业人员进行培训教育，并细化外来作业人员管理规范并严格执行。

（3）加强作业人员培训及管理，制定物料进出车内的相关管理办法并严格执行。

（4）要求严格按照《客室安装调试车门作业指导书》进行车门安装调试作业。

（5）更换划伤门槛。

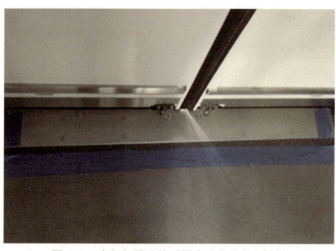

图 1-22　车门门槛防护后图片（曹兵奇　摄）

5. 防治措施

在车辆制造过程中，部件磕碰划伤是较为常见的质量问题，不仅影响车辆美观，甚至减少门槛的使用寿命。

常见的处理磕碰划伤方式一是修补，二是更换损伤部件。部件磕碰划伤处修补会造成小范围的色差及光泽度不一致，影响美观；更换部件，则存在更换时间长，影响交车进度的问题。

为避免此类问题发生，在监造过程中需要做到以下几个方面：

（1）检查主机厂整个作业流程是否存在管理疏漏，是否针对作业工序从人、机、料、法、环等方面都做了相应要求；

（2）监督主机厂严格按照工艺文件要求作业；

（3）需要防护的部件，督促主机厂做好部件防护工作。

第八节　座椅靠背松动异响

1. 质量问题描述

在某线路车辆监造过程中，首节车试制时发现座椅靠背在垂向和横向方向上对座椅两端施加压力时出现松动和异响。如图 1-23 所示。

2. 问题图片

图 1-23　座椅靠背端部松动异响（刘燊　摄）

3. 质量问题分析

客室座椅安装方式为座椅背部上端挂孔安装在座椅支架的安装柱上。拆卸座椅检查发现部分座椅挂孔和安装柱之间存在间隙，当施加一定压力或车辆运行时，挂孔与安装柱摩擦产生异响。

4. 处理方法

整改方案为对所有座椅安装柱加装橡胶套垫，调整座椅至无松动无异响为止（图 1-24、图 1-25）。

图 1-24　座椅支架（刘燊　摄）　　　图 1-25　挂孔柱增装橡胶套垫（刘燊　摄）

5. 防治措施

座椅靠背异响是比较严重的安装问题，座椅靠背的松动异响问题不涉及外观，但存在安全隐患，对于乘客的乘坐体验也有极大影响。如果在批量车生产时发现，需要拆卸座椅的数量多，拆卸步骤繁琐，返工量大。所以在总装车间首个座椅试装时须严格控制安装接口质量，安装后应检查座椅舒适度、防护是否到位、安装是否到位、有无异响等。

第九节 侧顶板干涉错台

1. 质量问题描述

在某线路车辆内装检查时,发现侧顶板与其他部件干涉和错台,包括侧顶板与间壁、侧顶板与门立柱罩板、侧顶板与侧顶板干涉和错台,导致多处划伤。如图 1-26～图 1-28 所示。

2. 问题图片

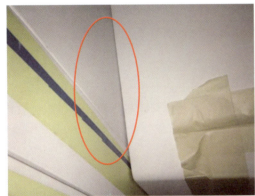

图 1-26 侧顶板与间壁之间（刘燊 摄）

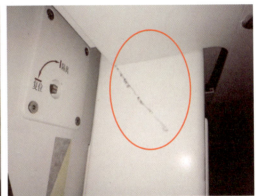

图 1-27 侧顶板与门立柱罩板（刘燊 摄）

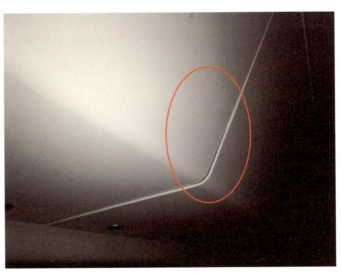

图 1-28 侧顶板与侧顶板错台（刘燊 摄）

3. 质量问题分析

（1）安装不到位，螺栓紧固错位导致侧顶板与其他部件干涉。

（2）安装间隙分配不合理，部分侧顶板间隙过大，导致其他相邻侧顶板安装余量不足，从而造成干涉。

（3）车体组焊时纵向长度尺寸不符合设计图纸要求，侧顶板合格件安装后余量过少，导致干涉。

4. 处理方法

（1）对已干涉或错台的侧顶板进行调整，安装间隙控制在 3mm 以内。

（2）对调整后仍干涉的侧顶板进行工艺画线切割，安装间隙控制在 3mm 以内。

（3）对干涉造成的掉漆部位进行补漆。

（4）在后续车体组焊时加强纵向长度尺寸的把控，严格将车体各尺寸控制在设计图纸要求范围内。

5. 防治措施

（1）首列车生产阶段

检查车体组焊后相关尺寸是否满足设计要求。根据工艺要求对现场侧顶板安装质量进行检查，除侧顶板干涉，其他还包括侧顶板表面油漆是否有磕碰划伤、侧顶板附件安装螺栓是否紧固到位、防松标记是否规范等。

（2）批量车生产制造阶段

部件来料时或安装前对尺寸进行抽查，确保符合设计要求。

安装后，如检查发现侧顶板出现干涉现象，首先对问题侧顶板进行调整，如调整无法解决干涉现象，须查明原因，如果是因为侧顶板与其相邻部件均符合设计尺寸要求，由于累计误差造成干涉，则可在其他同样部件中选取公差范围内能够满足安全要求的部件进行替换，如果还无法解决，考虑采用切割等方案。

第十节　列车客室内漏水

1. 质量问题描述

某线路列车进行动态试验时，发现 Tc 车二位端中顶板接缝处、侧顶板接缝处和灯带罩板表面漏水。如图 1-29～图 1-31 所示。

2. 问题图片

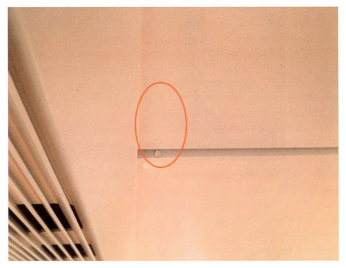

图 1-29　中顶板接缝处漏水（朱正凯　摄）

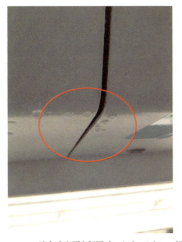 

图 1-30　列车侧顶板漏水（朱正凯　摄）　　图 1-31　列车灯带罩板漏水（朱正凯　摄）

3. 质量问题分析

经现场检查，客室漏水位置正好位于车顶空调机组下方，空调机组与车体之间的密封胶条安装不规范，伸出长度不一致，造成该胶条未能起到密封作用，导致客室内部出现漏水（图1-32）。

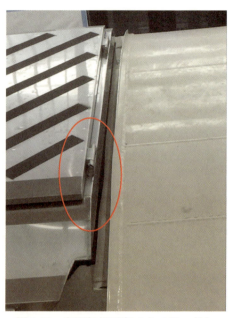

图1-32 空调机组压条（朱正凯 摄）

4. 处理方法

主机厂对问题车辆的所有空调机组重新安装，规范压条的安装质量，同时，对问题车辆重新做淋雨试验（每节车辆要求淋雨25min，淋雨喷水压力不小于2.0bar），试验完成后静置10～20min，对车辆客室内部进行检查未发现漏水情况。

5. 防治措施

车辆淋雨试验属于监造把控关键点，在现场淋雨试验时，应对客室车门、客室电器柜内部、侧顶板内部、出风口格栅等部位重点检查。

客室内存在漏水情况，漏水点主要存在空调机组的安装接口处，因此，在车顶空调机组安装过程中，监造人员应在现场旁站记录，重点把控空调机组在落到车顶机组平台后，检查空调机组与密封接口之间密封胶条是否压紧、压实，避免空调机组与车顶接口处有缝隙，存在漏水隐患。最后，车辆进行淋雨试验（每节车辆要求淋雨25 min，淋雨喷水压力不小于2.0bar），淋雨结束后静置10～20 min，检查车内各部位有无渗漏情况。

第十一节　不锈钢件焊缝未钝化处理

1. 质量问题描述

某线路车辆在总装车间装配完成后，发现车下跨接电缆支架、车顶受电弓和弓网检测装置平台滤水网等不锈钢件焊缝未做钝化处理。如图 1-33、图 1-34 所示。

2. 问题图片

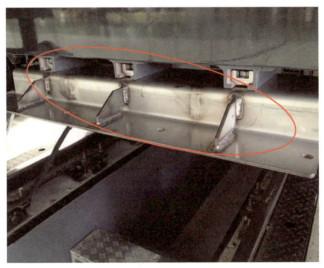

图 1-33　跨接电缆支撑架焊缝未钝化（刘燊　摄）

图 1-34　受电弓或弓网检测装置平台滤水网焊缝未钝化（刘燊　摄）

3. 质量问题分析

此次不锈钢件焊缝未钝化处理原因为部件供货商未对焊缝进行钝化处理，主机厂在来料检验时没有进行该项检查，导致多列车辆不锈钢件焊缝未钝化。

不锈钢件焊缝钝化，即在不锈钢焊前清焊根后，先用碱洗脱脂，再用酸洗除表面氧化皮，然后进行钝化处理，使不锈钢表面形成一层致密钝化膜，来增强抗腐能力。如果不锈钢压型件不进行钝化处理，焊接后的铁锈、金属污染物、焊渣和飞溅物容易破坏不锈钢的氧化膜，加速不锈钢表面氧化反应。故压型件的钝化处理是必要的。

4. 处理方法

（1）对已安装的未钝化处理的不锈钢件更换为合格的已钝化的物料。
（2）加强来料检查，保证来料的不锈钢件均已做钝化处理。

5. 防治措施

要求主机厂在来料进场时加强质量管控，不锈钢件焊缝须进行钝化处理，监造人员对首批来料进行全数检查，批量来料进行抽查。

现场安装过程中，检查安装质量的同时重点观察不锈钢件的焊缝是否进行了钝化处理，如发现问题及时要求整改或更换。

第十二节　车体外墙腰带与门页腰带错位超差

1. 质量问题描述

在某项目监造过程中，发现车体外墙腰带油漆与车门腰带油漆错位超过 5mm（设计图纸要求小于 5mm）。如图 1-35、图 1-36 所示。

2. 问题图片

图 1-35　车体腰带与车门腰带图示（曹兵奇　摄）

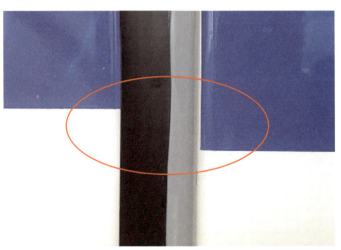

图 1-36　车体腰带与车门腰带错位放大图（曹兵奇　摄）

3. 质量问题分析

车体外墙腰带油漆与车门腰带油漆错位超差的主要原因如下：
（1）车体外墙油漆腰带基准定位尺寸过低，需要设计重新调整；
（2）门页安装误差与车体外墙油漆喷涂误差累计，导致错位超差。

4. 处理方法

（1）后续生产车辆车体外墙油漆腰线基准在原尺寸基础上提升 6mm。
（2）后续生产车辆严格控制车门门页调整尺寸。
（3）已生产车辆按照工艺要求重新喷涂错位超差部位和门页腰带油漆。

5. 防治措施

车体外墙腰线油漆错位超差是轨道车辆生产过程中常见车体油漆质量问题，严重影响车辆美观。

（1）在首列车试制过程

及时检查车门油漆腰线与车体油漆腰线错位是否超过图纸标准。若超过标准，需及时联系主机厂设计、工艺分析原因，制定整改方案。

（2）在批量生产阶段，在门页安装调整完成后及时检查车体腰线和车体腰线的平整度，尽早发现问题，督促供货商整改。

第十三节　工装夹具没有采取防护措施

1. **质量问题描述**

   在某项目车辆监造开始阶段，发现由于车体组焊的工装夹具与车体接触面没有采取防护措施，导致车体铝型材表面被压伤。如图 1-37 所示。

2. **问题图片**

图 1-37　未采用防护措施的工装夹具（瞿海平　摄）

3. **质量问题分析**

   由于工装夹具的硬度较大，而铝合金相对于工装夹具的硬度较小，因此若将工装直接夹在铝合金型材上，就会导致在铝型材表面被压伤。

4. **处理方法**

   （1）由于压伤痕迹不深，不影响结构强度，因此不对压痕进行进一步的处理。
   （2）立即对未采用防护措施的工装夹具增加上防护措施，杜绝类似情况再次发生。

5. **防治措施**

   在进行工装器具的检查时，须检查各工装的夹具是否具备防护措施，防止因工装夹具对母材造成损坏。同时，如发现工装夹具未配备防护措施，应令主机厂暂停生产，整改合格后再继续生产（图 1-38、图 1-39）。

图 1-38　采用了防护措施的工装夹具（瞿海平　摄）

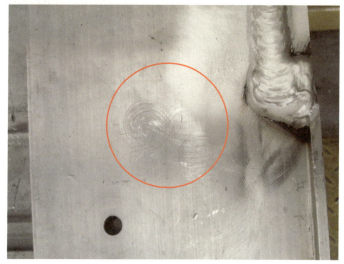

图 1-39　未采用防护措施而导致的压伤痕迹（瞿海平　摄）

第十四节　防寒棉脱落

1. 质量问题描述

某项目车辆监造过程中，发现粘贴的防寒棉出现大面积、反复脱落的现象。如图 1-40～图 1-42 所示。

2. 问题图片

图 1-40　脱落的防寒棉（a）（瞿海平　摄）

图 1-41　脱落的防寒棉（b）（瞿海平　摄）

图 1-42　脱落的防寒棉（c）（瞿海平　摄）

3. 质量问题分析

造成多处防寒棉反复脱落的原因有如下几点：
（1）部分位置施工人员未按照工艺要求使用双面胶进行粘贴；

（2）防寒棉安装未严格按照工艺要求执行，在面漆烘干前已安装完成，烘干面漆时的高温环境造成粘贴防寒棉的双面胶失效；

（3）车顶位置的防寒棉粘接不牢固，由于自身重力作用，在一段时间之后脱落。

4. 处理方法

防寒棉的安装固定方式更改为使用防寒钉固定（图1-43）。

图1-43　更改安装工艺后的防寒棉（采用防寒钉固定）（瞿海平　摄）

5. 防治措施

（1）设计联络阶段

对防寒棉固定方案进行审查。目前主机厂对于防寒棉的固定方式主要有双面胶、胶水、防寒钉、双面胶或胶水加防寒钉。若采用双面胶或胶水粘接的方式，重点关注双面胶及胶水性能及粘贴方式。

（2）监造阶段

对防寒棉的固定方式进行核实，是否满足设计以及工艺要求。在首节车该工序作业过程中进行旁站，确认作业内容符合工艺要求。

第十五节　逃生门与安装立柱干涉导致无法安装

1. 质量问题描述

在某项目车辆监造过程中,发现首个 Tc 车前端逃生门安装时与安装立柱干涉,导致无法安装。如图 1-44、图 1-45 所示。

2. 问题图片

图 1-44　尺寸超差位置示意(瞿海平　摄)

图 1-45　未安装的逃生门(瞿海平　摄)

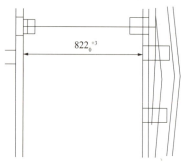
图1-46 尺寸超差位置图示

图1-47 司机室前窗下横梁

3. 质量问题分析

造成逃生门无法安装的原因是司机室逃生门的安装立柱实测间距为818mm（设计图纸要求的尺寸为822（0，+3）mm），小于逃生门的安装宽度（图1-46）。

4. 处理方法

（1）使用电钻及角磨机等工具将逃生门安装立柱和司机室前窗下横梁焊接处进行打磨，将横梁与立柱分离（图1-47）。

（2）将横梁和立柱打磨圆滑，使用工艺撑杆将安装立柱间距撑至825mm，重新焊接前窗下横梁和立柱，焊接完成后打磨清理黑灰和焊渣，最后拆除工艺撑杆。

5. 防治措施

（1）设计联络阶段

审查图纸时，对该处设计尺寸进行审查，特别是需要考虑各公差范围是否能够满足需求。

（2）首列车生产阶段

检查设计图纸和工艺文件是否按照设计联络阶段确定的参数执行，并要求车辆供货商将该尺寸纳入专检项目。

车体完成组焊后，对车体该部位尺寸进行检查，看是否满足逃生门安装要求。

（3）批量生产阶段

参加车体组焊后的质量检查，重点抽查逃生门框的尺寸。

第十六节　关于地板布脱胶的质量问题分析

1. 质量问题描述

在车辆监造过程中,发现座椅下方的边缘挡板处的地板布存在未粘接牢固的现象。如图 1-48 所示。

2. 问题图片

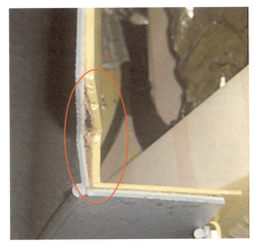

图 1-48　地板布与边缘挡板脱胶（张迪　摄）

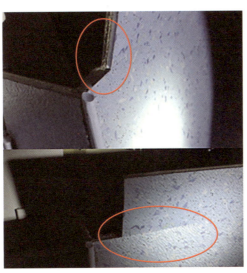

图 1-49　整改后效果（张迪　摄）

3. 质量问题分析

座椅下方边缘挡板本身为内凹结构,地板布在该处粘贴时发生形变,产生内应力,如粘接不牢靠容易因为内应力而造成翘起,最终拉开双面胶带。

4. 处理方法

对该处地板布粘接工艺进行了改进,将座椅下方边缘挡板处的地板布切开后重新粘贴(图1-49)。地板布粘接工艺如表1-1所示。

地板布粘接工艺　　　　表1-1

序号	工序名称	作业步骤及技术要求	工装、量具
1	铺设第一次地板布、赶气泡、滚压	将地板布从中间向两边展开。展开工作由2人配合,缓慢进行,注意对好胶接边线。另2人用软木擦对地板布进行刮擦,特别对于气泡一定要尽量赶出去,赶气泡时纵向赶到接缝位置后再横向沿着边缘赶一道,保证气泡无残留。地板布展平后,打开强光源,1人帮忙赶气泡,另1人用四节辊子开始滚压地板布。对于溢出的胶黏剂用无纺布立即擦去。用软木擦对地板布完全刮擦一遍,并用四节辊子纵向横向各滚压一遍,然后对光检查气泡,对于查到的气泡一定要赶出去,对于很难赶出的应该使用针孔刺破地板布以便将该处气泡释放掉。对于胶黏剂累积导致的凸起应该使用一块压铁压在上面,地板布的边缘使用压铁或沙袋加压。注意压铁不能直接接触地板布,中间必须加垫木板条。滚压从混胶开始算起,地板布铺设工作在90min内完成。温度在15~25℃时120min后、温度在25~30℃时90min后开始用四节辊子,横向纵向分别滚压,共三次,每次间隔15min。注意在滚压过程中应该移开沙袋,让滚子滚压到地板布边缘,滚压完后,再将沙袋压实	软木擦 四节辊子 压铁 沙袋 计时器 强光电筒
2	铺设第二次地板布、赶气泡、滚压	第一次地板布粘接完成12h后方可进行第二次地板布粘接。检查粘接环境,将压铁、沙袋移除,按要求对车体地板重新进行清洁。然后对剩余的地板布按第一次试装位置进行再次试装。注意与先前铺设的地板布对齐,在各块边缘挡板的连接处用勾刀将地板布切出合适缺口。在2块地板布之间贴上胶带,并用记号笔在胶带上画出定位标记,然后将地板布卷起。第二次地板布粘接,固化12h后进行敛缝	软木擦 四节辊子 压铁 沙袋 计时器 强光电筒

5. 防治措施

针对主要造成问题的原因进行应对,主要在以下几个阶段进行控制:
(1)在设计联络阶段建议边缘挡板不采用内凹结构。
(2)首节车地板布粘接时进行旁站,检查地板布是否粘接牢固。
(3)地板布铺设完成后,对首列车地板布弯曲部位进行跟踪观察,如出现脱胶现象,及时改进地板布粘接工艺。
(4)边缘挡板采用金属。

第十七节　客室车门警示标识翘起

1. 质量问题描述

某地铁车辆投入运营 5 年左右，客室车门"灯闪/铃响 请勿上下车"的警示标识出现翘起的现象，影响美观。如图 1-50 所示。

2. 问题图片

图 1-50　客室车门警示标识翘起（刘勇军　摄）

3. 质量问题分析

客室车门"灯闪/铃响 请勿上下车"警示标识翘起属于新车制造时供应商设计选型的问题，由于警示标识属贴膜方式，受人为因素或气温和日光的影响，在经过长时间的使用后，客室车门警示标识的附着力降低，导致车门警示标识出现翘起的现象。

4. 处理方法

将客室车门"灯闪/铃响 请勿上下车"贴膜的警示标识进行更换，更换为丝印的警示标识（图 1-51），增强美观效果。丝印对比贴膜具有以下优点：

（1）车门的警示标识采用丝印后，其附着力和立体感更强。

（2）车门的警示标识采用丝印后，其光泽度优于贴膜的光泽度，不会因为气温和日光的影响，而出现光泽度降低。

（3）车门的警示标识采用丝印后，其印刷方式灵活多样，优于贴膜的印刷方式。

图 1-51 丝印的车门警示标识（刘勇军 摄）

5. 防治措施

新车采购项目，在用户需求书编制阶段或合同谈判阶段或在设计联络阶段须明确客室车门警示标识的方案（建议采用丝印），满足客室车门警示标识的使用环境要求。

如采用贴膜形式的警示标识，在装车前应检查材质、厂家、产品合格证等，在车辆生产制造过程中加强检查，如发现粘接质量问题及时要求整改。

第十八节　客室车门端部解锁弹性圆柱销断裂

1. 质量问题描述

某地铁车辆在调试时发现车门无法实现紧急解锁，影响车门开关。经检查，发现车门端部解锁的弹性圆柱销断裂。如图 1-52 所示。

2. 问题图片

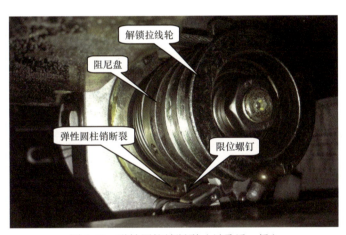

图 1-52　弹性圆柱销断裂（刘勇军　摄）

3. 质量问题分析

检查车门端部解锁装置，当操作车内紧急解锁装置进行解锁时，发现紧急解锁装置上的阻尼盘在解锁复位后的开关门过程中左右摆动。通常情况下，解锁复位后，阻尼盘上的弹性圆柱销被限位螺钉限位，阻尼盘不应左右摆动。经检查，此处的弹性圆柱销断裂，没有突出阻尼盘表面，造成弹性圆柱销不能被限位螺钉限位。如果阻尼盘不被限位，就不能保证在未操作紧急解锁装置下丝杆连接轴完全自由正反转动，这就会造成车门关闭困难。

4. 处理方法

将弹性圆柱销送第三方检测，对弹性圆柱销材料和金相组织进行分析。根据第三方检测报告，其材质中锰（Mn）的含量不符合要求。锰（Mn）的含量主要影响弹性圆柱销的疲劳和韧性，如果较低则会出现过早疲劳和脆断。

经过检测和强度校核，弹性圆柱销所承受的最大抗弯强度为 244.8MPa，其许用最小屈服强度为 530MPa。弹性圆柱销承受的最大抗弯强度的计算是将钢丝绳的阻力和端部解锁上碰珠的阻力以及复位时把手的阻力进行了忽略，如果考虑这部分阻力在内的话，其承受的最大抗弯强度要小于 244.8MPa，因此设计上能满足要求；但考虑到此处弹性圆柱销较小，在材料上和热处理上都有可能存在质量问题，并且操作紧急解锁和复位的速度差别较大。

紧急解锁装置采用限位块（经送第三方检测，金相组织和材质符合要求）代替弹性圆柱销，且经过装车验证，运用良好，未出现故障。

5. 防治措施

新车采购项目，在用户需求书编制阶段或合同谈判阶段或在设计联络阶段须规定此类材料选用的形式，及其金相组织、材质等方面的技术要求，以满足车辆客室车门端部解锁的使用要求；同时在新车监造过程中加强抽查。如发现问题应立即通知主机厂提供所选用部件的材质及检测报告、型号、厂家、产品合格证信息进行核对，并进行整改。

第十九节　塞拉门下滚轮组合脱落

1. 质量问题描述

某地铁车辆在调试时发现塞拉门下滚轮组合脱落，造成车门在开关门过程有卡滞或异响，影响车门开关。如图 1-53 所示。

2. 问题图片

图 1-53　下滚轮组合脱落（刘勇军　摄）

3. 质量问题分析

经现场检查，塞拉门下滚轮组合脱落属于新车制造时供应商设计选型不合理问题。由于客室门下滚轮组合的材料采用聚氨酯，经过长时间的运用，聚氨酯会出现老化开裂，导致下滚轮组合脱落。

下滚轮由滚轮座、自润滑轴承、下滚轮组合等组成（表 1-2），下滚轮组合（图 1-54 中序 2）由聚氨酯浇铸在滚轮衬套上。

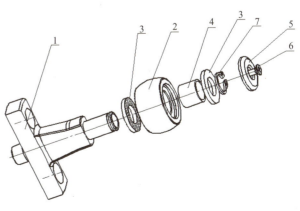

图 1-54　下滚轮结构

下滚轮结构图参数 表 1-2

序号	代号	名称	件数
1	MW130DW-2-20302	下滚轮座	1
2	MW130DW-2-20705	下滚轮组合	1
3	MW130DW-2-20709	垫圈	2
4	—	自润滑轴承	1
5	MW130DW-2-20304	端盖	1
6	GB819.2-1997	十字槽沉头螺钉	1
7	MW130DW-2-20305	挡圈	1

4. 处理方法

如图 1-55 所示，下滚轮优化成整体式，下滚轮组合材质采用聚甲醛，滚轮外圈直接注塑在轴承外圈上，采用铆接方式替代卡簧安装结构；铆接后滚轮与安装座牢固可靠，避免了偶发性的卡簧失效导致滚轮掉落的现象。轴承两侧自带密封圈，将轴承内部完全密封，可以防止轴承被污染。

图 1-55　优化的下滚轮（刘勇军　摄）

5. 防治措施

（1）新车采购项目，在技术咨询阶段关注塞拉门下滚轮的结构，必要时要求供货商提供下滚轮组合的材质、力学性能、应用业绩等方面的资料，以及下滚轮采用整体式、分体式或更优方案的对比分析。

（2）在监造阶段要加强抽查，核对所选用部件的材质、型号、厂家、产品合格证等信息是否符合设计要求。

（3）在设计联络阶段，建议采用整体式下滚轮，其特点如下：整体式下滚轮密封性、可靠性更好；下滚轮组合材料采用聚甲醛，其吸水率低，尺寸稳定性好，从表1-3可以看出聚甲醛的吸水率远低于聚氨酯。

聚氨酯与聚甲醛对比数据　　　　　　　　　　　　　　　　表1-3

力学性能	单位	聚氨酯	聚甲醛
拉伸强度	MPa	20	68
吸水率	%	2～4	0.2

第二十节　逃生门门页密封胶失效

1. 质量问题描述

某地铁车辆逃生门门框与门页周边的密封胶失效，导致车辆运行时逃生门会产生轻微的晃动。如图 1-56 所示。

2. 问题图片

图 1-56　门框与门页周边密封胶老化（刘勇军　摄）

3. 质量问题分析

经现场检查，逃生门门框与门页周边的密封胶失效属于新车制造时供应商设计选型不合理问题，新车制造时选用 CK370 白色的密封胶，其耐高温、抗老化等级不满足运营使用的要求，导致密封胶出现老化，给安全运营带来隐患。

4. 处理方法

在第一个架修期间，将逃生门门框与门页周边之间缝隙的密封胶 CK370 更换为波士 7003。CK370 和 Bostik7003 两种密封胶的技术参数对比如表 1-4 所示。

CK370 和 Bostik7003 技术参数对比　　　　　　　　　表 1-4

序号	项目	CK370 SPRAY	CK370 BRUSH	Bostik 7003	对比分析
1	类型	氯丁基溶剂胶	氯丁基溶剂胶	硅烷改性聚合物胶	CK370 是溶胶胶，Bostik7003 是弹性体胶
2	主成分	氯丁橡胶	氯丁橡胶	改性硅烷	
3	外观	淡褐色	黄褐色	黑、白、灰	
4	固含量	23%	38%	非溶剂型	
5	比重	0.87	0.95	1.4	—
6	标准环境下表干时间（min）	手指触碰 2～4	手指触碰 2～4	10	操作方式不同
7	标准环境下操作时间（min）	10～20	10～20	15	
8	剪切强度	—	—	2.5	CK370 是物料粘胶型溶胶
9	本拉升强度	—	—	2.6	

从 CK370 白色和 Bostik7003 白色的技术参数对比，可见 Bostik7003 密封胶粘接固化强、密封性好、抗老化能力强。

5. 防治措施

（1）用户需求书编制和设计联络阶段

须规定此类密封胶的型号，及其密封性能、抗老化等方面的技术要求，以满足车辆运行环境的需求。

（2）车辆制造阶段

加强密封胶的质量抽查，确认主机厂严格执行合同要求采购此类部件，对所选用密封胶的型号、厂家、技术参数和产品合格证等信息进行核对。

第二十一节 拉手异响

1. 问题描述

在某地铁线路运营过程中,乘客手握拉手晃动时,拉手出现很大的异响,影响乘客乘车体验。如图 1-57 所示。

2. 问题照片

图 1-57　客室拉手异响点分布(陈彬　摄)

3. 质量问题分析

(1)吊环织带由纤维丝缝制,缝合位置与吊环拉手上部椭圆孔接触,乘客在拉拽过程中,缝合位置的纤维丝与吊环本体产生摩擦,发出异响。

(2)吊环螺栓穿过塑料套管进行固定时拆装不顺畅、有卡滞,织带直接与卡件的塑料套管接触,使用一段时间后吊环织带与塑料套管之间会有摩擦声。

(3)两半塑料卡件壁厚≥3mm,与金属管配合的卡齿比较稀疏、尖锐,使用过程中易磨损产生间隙。

(4)织带宽度大于吊环螺栓的宽度,造成织带在螺栓处出现折皱,使用一段时间在受力时与塑料螺栓挤压也会造成异响。

4. 处理方法

主机厂优化拉手方案并制作样品供装车试用(图 1-58～图 1-61),经试用 2 个月优化后的拉手无异响,批量装车使用。

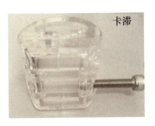  

图 1-58　优化前后对比（陈彬　摄）

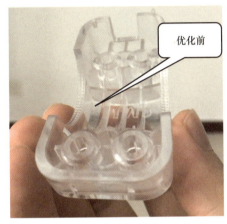 

图 1-59　卡齿比较稀疏、尖锐
（陈彬　摄）

图 1-60　由原来的内六角螺钉更换为
中间为光杆的内六角螺钉（陈彬　摄）

图 1-61　织带缝合处在侧面（陈彬　摄）

5. 防治措施

（1）如采用塑料广告牌类型的拉手，在设计联络阶段要求主机厂提供拉手的设计方案，确定方案后，如有条件则制作样品装车试用。

（2）与织带的接触面，尽量采用不锈钢材料，不采用塑料，织带的缝合处不与塑料直接接触，由原来的内六角螺钉，改为中间为光杆的内六角螺钉。

（3）选用较柔软的符合防火要求的织带。

第二十二节　客室座椅端板

1. 问题描述

在监造过程中，发现客室座椅端板存在螺钉落入内腔或异物进入内腔不易清理的隐患。如图 1-62 所示。

2. 问题图片

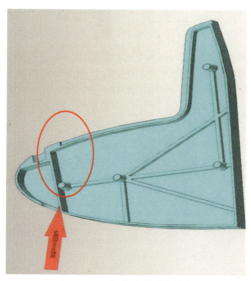

图 1-62　客室座椅端板图

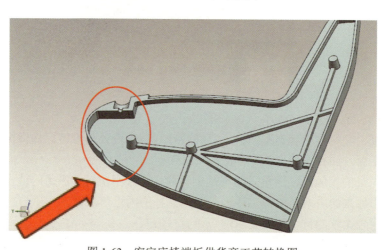

图 1-63　客室座椅端板供货商工艺转换图

3. 问题分析

（1）设计方案中，客室座椅安装完成后，进行后续扶手立杆的安装，须通过工艺孔（图 1-62 中红色箭头）紧固扶手立杆螺栓。由于端板无其他孔洞，若安装过程中螺栓不慎掉入端板腔内深处，则难以在不拆除客室座椅端板的情况下将螺栓取出，且在运营时该处存在乘客投入异物的隐患。

（2）设计方案中，客室座椅端板为整体铸造件，其腔内设置了挡板（如图 1-62 红色箭头处），防止扶手立杆安装螺栓落入端板腔内。因该设计方案中未预留型砂倒出孔洞，为倒出型砂，端板供应商在工艺转换时，将挡板取消，将工艺安装孔作为出砂孔。

4. 处理方法

（1）对已装车的客室座椅端板进行更换。
（2）优化客室座椅端板的结构方案，在原方案中靠侧墙侧增置出砂孔（图 1-64）。

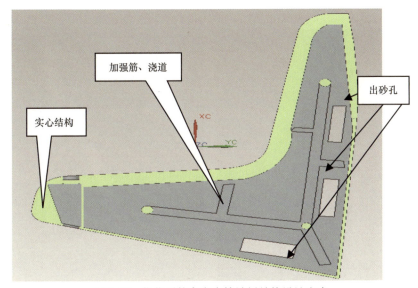

图 1-64　优化后的客室座椅端板结构设计方案

5. 防治措施

（1）在设计联络阶段，对各部件的设计方案应从生产、安装、使用和维护等方面综合考虑其合理性、实用性。
（2）在监造过程中，对部件供应商提供的部件进行首件检查，核对部件设计图纸是否符合车辆总承包商的总体要求。
（3）针对整体铸造件，须重点关注是否合理预留了出砂孔。

第二十三节　司机室侧门与车体不平齐

1. 质量问题描述

某项目司机室侧门采用折页门，工业设计要求车门外表面与车体外表面平齐（图1-65）。在首列车试制时，出现车门外表面与车体外表面不平齐的现象（图1-66）。车门右上角与车体外表面平面度超差8mm（装配要求公差为±2mm），严重影响车体美观，并且存在密封隐患。

2. 问题图片

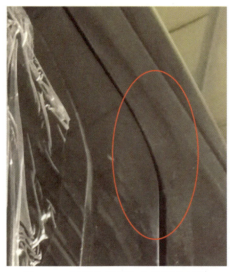
图1-65　司机室侧门与车体平齐效果
（刘郑伟　摄）

图1-66　司机室侧门与车体不平齐
（刘郑伟　摄）

3. 质量问题分析

（1）车体设计不合理

车体的司机室立柱顶点至车体中心线设计公差为0～－2mm（图1-67），顶盖宽度公差为0～－8mm（图1-68）。当车体制造过程中TC车顶盖宽为－8mm时，司机室立柱与顶盖边梁有可能产生3～4mm平面度超差。

（2）制造误差

顶盖宽度尺寸焊接过程出现极限负公差（－8mm）时，车体制造过程中为了不影响头罩安装（尺寸为1297.2mm），将公差控制在0～－2mm内，造成司机室立柱与边梁平面度超差，导致司机室侧门与车体的平面度超差。

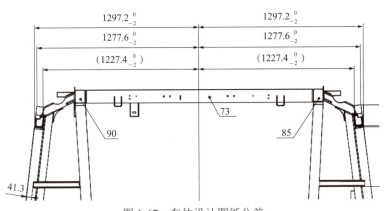

图 1-67　车体设计图纸公差

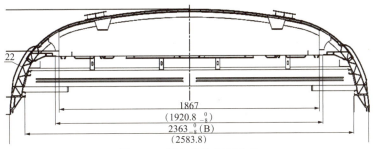

图 1-68　顶盖设计图纸公差

（3）验收控制

在 TC 车验收时，司机室侧门与车体的平面度未纳入验收范围。

4. 处理方法

（1）排除车门门页问题

首先，利用门页检测模具检查车门门页的轮廓度是否符合设计要求，排除车门门页原因；其次，利用车体模具检测车体外表面轮廓是否符合要求，检测结果车体轮廓度不符合设计要求，超差＋8mm。

（2）优化门锁盒止挡

因车体已完成焊接，如果车体返工对车体强度影响较大。经多方面综合考虑，在不影响车门密封和车门解锁的前提下，对司机室门的锁盒止挡进行优化设计。

门锁盒安装在车体上，与门页上锁舌配合，用于锁闭车门（图 1-69）。

密封框与门锁盒之间设置有螺钉止档，密封框与门锁盒距离为 8.5mm，螺钉头厚度为 4mm，螺母厚度 3mm。锁盒孔厚度为 12mm，锁舌厚度为 9mm，理论上锁盒能够往车外移动 4.5mm（图 1-70）。

现场试制时发现，由于误差原因，螺钉以最小距离顶住密封框后，车门门页与车体不平齐（内凹的现象较多）。此时需调整锁盒，但由于止档的影响锁盒无法调整到合适的位置，因此将此螺钉更改为螺柱形式，取消螺栓头，使锁挡有约 5mm 的调整量。从而有利于门页与车体的调整，且不影响解锁力（锁盒孔与锁舌可以有足够的空间）。

对不平齐的门页进行调整，在 5mm 范围内进行调整后，车体外表面与门页外表面的平整度符合设计要求（图 1-64）。

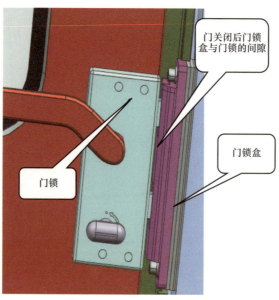

图 1-69　门锁与门锁盒之间关系图

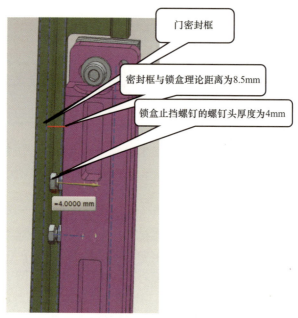

图 1-70　锁盒止挡说明

5. 防治措施

（1）严格按照标准或合同技术要求进行设计文件的审查。

《机车车门通用技术条件》（TB/T 3266—2011）第 4.1.8 条中"机车车门门扇的平面

度公差小于或等于 2mm，对角线之差小于或等于 2mm；与门框密封配合面的平面度公差小于或等于 2mm。包含门框的机车车门其门框的平面度公差小于或等于 2mm，对角线之差小于或等于 2mm；门框与门扇之间缝隙应均匀。"

（2）顶盖宽度尺寸控制：制造与交检过程中须按设计图纸要求严格控制。

（3）车体平面度控制：车体验收时，司机室立柱与边梁平面度和轮廓度须进行检查。

（4）车体交检控制：要求主机厂将平面度与轮廓度作为专检项点，列入车体交检记录表，验收时严格把关，确保车体尺寸符合设计要求。

（5）总成交检控制：设置专检节点，在车门门页调整后，车门门框密封打胶前，检查车门的平面度及关键尺寸，确保车门调整到位。

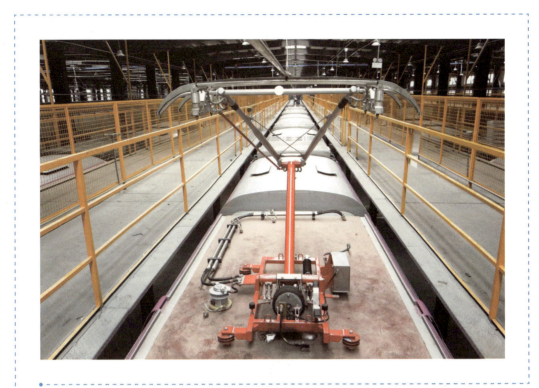

第二章 受电弓

主要参编人员：蒋　俊　刘　燊　等

第一节　弓网检测装置玻璃罩裂纹

1. 质量问题描述

在某线路车辆监造过程中,发现车辆安装的弓网检测装置表面玻璃罩板角落开裂(图2-1)。

2. 问题图片

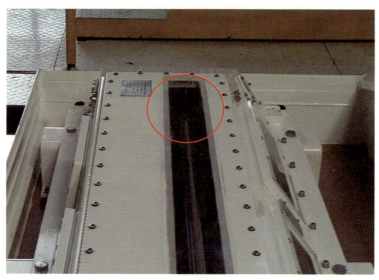

图2-1　弓网检测装置玻璃罩开裂(刘燊　摄)

3. 质量问题分析

(1)弓网检测装置上盖板橡胶垫过薄(3mm),选型不合理。

(2)操作人员安装上盖板螺栓时按照顺序紧固方式紧固,导致玻璃罩板在安装时受力不均匀从而产生裂纹。

4. 处理方法

(1)弓网检测装置的橡胶垫重新选型,橡胶垫由3mm改为8mm(图2-2)。

(2)弓网检测装置全批次检查,并对已产生裂纹的进行更换。

(3)螺栓紧固正确方法是对角紧固法。见图2-3。

图 2-2　更换后的加厚橡胶垫（刘燊　摄）

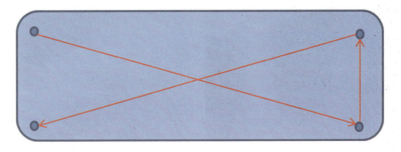

图 2-3　螺栓对角紧固法（箭头所指为紧固顺序）

5. 防治措施

在新车监造过程中，对弓网检测装置安装质量的把控：

（1）严格按照图纸和工艺文件对弓网检测装置的安装状态进行检查。

（2）装置表面是否有破损、螺栓安装扭矩是否符合要求、螺栓安装顺序是否正确、安装平台是否干净无杂物等。

第二节 受电弓生锈

1. 质量问题描述

某项目采用TSG18G型气囊式受电弓，受电弓各紧固螺栓及羊角等处出现不同程度的锈蚀，其中比较严重的有受电弓安装座底架螺栓。

2. 问题图片

图 2-4 受电弓安装座底架螺栓（蒋俊 摄）

图 2-5 受电弓羊角（蒋俊 摄）

3. 质量问题分析

受电弓生锈主要有两类原因。

（1）酸雨：由于该项目地区频繁出现酸雨，生锈问题普遍存在，如受电弓安装座底架螺栓生锈（图2-4）。此螺栓为专用不锈钢螺栓（1Cr18Ni9Ti）焊接在底架的支撑板（碳钢Q235B）上，在正常情况下其具有较高的耐腐蚀性。但不锈钢件之所以不易生锈是由于不锈钢中含有铬元素，经过不断的氧化在工件表面形成氧化铬，氧化铬薄膜能够有效地起到耐腐蚀的作用。经调查分析，此生锈原因是在焊接过程中，不锈钢材料中的碳化物析出，造成抗腐蚀能力下降，同时焊接时产生的高温破坏了不锈钢表面的钝化膜，造成不锈钢特性退化，从而导致生锈。

（2）残留焊渣：受电弓的弓角锈斑（图2-5）。经调查分析造成弓角锈蚀的原因为周边区域的碳钢件进行焊接时焊渣产生飞溅，导致焊渣粘附在羊角表面，而羊角在后续的表面处理过程中并不能完全清除焊渣，最终导致羊角表面产生锈斑。

4. 处理方法

（1）针对受电弓安装座底架螺栓生锈问题，供应商对螺栓进行除锈处理后在螺栓的下部涂抹防锈油漆进行防护，从而防止锈蚀情况的发生。建议后续项目的螺栓生锈部位采用热镀锌防锈方式处理。

（2）后续生产中对焊接时的焊渣飞溅进行防护，优化工艺流程。

5. 防治措施

（1）用户需求书编制阶段

车辆使用地区自然环境除了气候特点、环境温湿度，还需提供使用地区的污染特征（大气污染物的年日均值、雨水的 pH 值等）。

（2）设计联络阶段

根据项目所在地区的气候条件对相关紧固件进行选型。须审查拟选型的紧固件的材质报告、耐腐蚀试验报告等。

建议厂家对于类似于这种地区腐蚀情况严重的，增加防腐蚀措施，如在紧固件表面刷防锈油等措施。

（3）生产制造阶段

审核受电弓生产工艺文件，并在首件生产时进行旁站，确定工艺文件落实到位。督促供货商落实生产过程的防护措施，如焊接高温破坏氧化层、焊渣飞溅等。

（4）批量生产阶段

受电弓安装前须开箱检查，质量不符合要求的须返厂整改，不允许装车。

（5）到段调试阶段

每批次列车到达甲方车辆段后，关注部件表面的腐蚀情况。如果出现腐蚀严重的情况，及时通知厂家做出相应处理措施，避免批量列车交付后的大面积整改。

第三节 受电弓编织导线与上框架之间缺少过渡垫片

1. 质量问题描述

在受电弓首件生产时检查发现,受电弓肘接电流连接组装中编织导线与上框架之间直接接触,缺少过渡垫片(图 2-6)。

2. 问题图片

图 2-6　受电弓编制导线与上框架直接接触(金焰　摄)

3. 质量问题分析

受电弓肘接电流连接组装中编织导线与上框架为两种不同材质的金属,因金属活泼性不一样,在长期通电情况下会出现电化学腐蚀现象。

4. 处理方法

在编织导线与上框架间增加过渡垫片(铜铝垫片),规避编织导线与上框架间的电化学腐蚀(图 2-7)。

5. 防治措施

(1)设计联络阶段

审查受电弓设计方案是否有针对不同金属之间电化学腐蚀的防护措施。

(2)生产制造阶段

受电弓安装前须开箱检查,质量不符合要求的须返厂整改,不允许装车。

图 2-7　连接处增加铜铝垫片(金焰　摄)

第四节　机械气动受电弓拉伸弹簧侧链条断裂引发刮弓

1. 质量问题描述

在某地铁线路运营过程中，接触网开关跳闸，8s后重合闸成功，此时在某区间内一列电客车运行出站后，客室有浓烟，造成该电客车清客下线。对该电客车进行检查，发现该受电弓区域多处烧伤（图2-8）。

2. 问题图片

图2-8　受电弓处烧伤部位整体布局图（陈彬　摄）

图2-9　受电弓拉伸弹簧侧链条断裂情况（陈彬　摄）

图2-10　车体击穿情况（陈彬　摄）

3. 问题质量问题分析

经现场检查，分析得出以下原因：

（1）车顶短路击穿

从现场勘察情况分析，造成车顶短路击穿的直接原因是链条断裂后与车顶搭接导致短路（图2-9、图2-10）。链条断裂点发生在靠近拉伸弹簧侧的第一个链板，该链板无扭曲，存在一定的拉伸变形，且断口附近轻度灼伤。

正常情况下，链条会有电流通过，而断裂点是整条链条接触电阻最大的位置，存在一定发热量，在大电流情况下会导致发热量剧增，强度降低，从而引起拉伸断裂。我们分析可能与受电弓上臂支架存在的放电痕迹有关联。

另外，链条与受电弓拉伸弹簧连接，拉伸弹簧在受电弓升弓和降弓状态下一直处于拉伸状态，链条存在设计强度不足的可能性，或者存在内部原始缺陷，在长期受到来自弹簧拉力作用下出现疲劳断裂。

（2）客室内烟雾形成原因

断裂的链条与车顶形成短路，车顶铝型材被击穿，导致车顶内部保温材料在高温高热作用下产生烟雾。在隧道活塞风和空调送风机共同作用下，烟雾进入客室（图2-11）。

图2-11 客室内烟熏情况（陈彬 摄）

4. 处理方法

（1）对该受电弓及相关受损部件进行整体更换。

（2）对客室内部烟熏部件进行清理，无法清理的部件进行更换。

5. 防治措施

（1）用户需求书编制阶段

为避免类似故障造成车顶铝型材被击穿，要求受电弓区域增加绝缘层。

（2）设计联络阶段

要求主机厂提供拉伸弹簧侧链条的选型分析，审查主机厂对绝缘层设置方案的合理性。

（3）生产制造阶段

确保拉伸弹簧侧链条按照设计联络确定的方案进行安装。

第五节　受电弓弓角裂纹

1. 质量问题描述

电客车维修作业过程中，发现焊接封闭结构的弓角焊缝有裂纹。其中，安装碳滑板固定支架位置有 20mm 长穿透性裂纹（图 2-12），碳滑板支架裂纹端口有拉弧烧结点现象（图 2-13）。

对所有列车受电弓弓角和上框架的焊缝进行渗透探伤普查，发现某受电弓右侧弓角焊缝位置有约 10mm 的裂纹（图 2-14），其余弓角及上框架未发现裂纹。

2. 问题图片

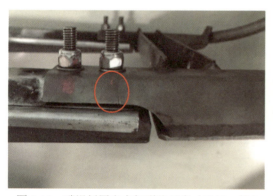

图 2-12　碳滑板固定支架裂纹示意（邵云　摄）

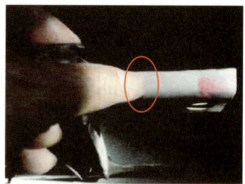

图 2-13　烧结点示意（邵云　摄）

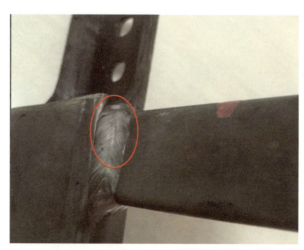

图 2-14　弓角焊缝裂纹示意（邵云　摄）

3. 质量问题分析

有裂纹的受电弓的弓角结构为封闭式焊接结构,超静定结构存在无法释放焊接应力的问题(图 2-15)。

图 2-15　焊接封闭弓头结构

碳滑板支架裂纹端口有拉弧烧结点,经分析,裂纹产生的原因为在运行过程中,遇弓网接触不良(尤其是弓网接口和弓网不平滑位置)造成拉弧,在支架上形成拉弧点后导致应力集中,在应力集中处沿拉弧烧结点裂开。

4. 处理方法

对受电弓弓角连接件结构及材料进行优化。采用组合弓角,与接触网的接触部位为铝合金,受力部位为不锈钢型材焊接件,提高受电弓弓角在刚性接触网线条件下抗冲击能力,解决弓角开裂的问题。

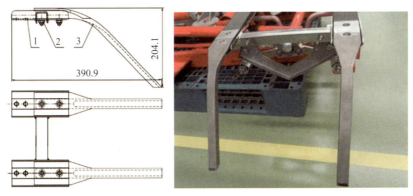

图 2-16　优化后弓角结构(李靓娟　摄)

如图 2-16 所示优化后弓角结构,碳滑板座采用不锈钢板材压型焊接而成,实现与弓头悬挂系统的连接。弓角采用铸造铝合金结构,保证网线接触面的平滑过渡。碳滑板座与弓角之间采用沉头螺钉连接。

该结构的弓角主要设计特点是:
(1)采用铸造成型,能够很好地保证弓角表面的平滑过渡;
(2)取消焊接结构,减少了产品的焊接变形,更好地保证了产品质量;
(3)弓角结构由以前的焊接封闭结构改为两个独立弓角,消除了超静定结构无法释放焊接应力的问题。

经过有限元强度分析,优化前弓角的最大应力位置在支撑架组焊的安装孔,最大应力为 244MPa，滑板支架位置应力约为 162MPa。优化后弓角的最大应力位置不变，最大应力为 147MPa，其余位置应力都小于 100MPa。新结构的弓角比原受电弓弓角的使用应力变小，降低了应力集中的幅度。

5. 防治措施

（1）设计联络阶段

对受电弓关键焊缝位置及受力结构件（如上框架、弓头等）应力分析说明文件的审查，最大应力位应避开焊接结构，所承受最大应力应小于材料许用应力。

（2）受电弓首检时

检查弓角及上框架焊缝位置的探伤记录并现场探伤检查。

（3）审核受电弓维护手册时

关注是否有对受电弓弓角焊缝、上框架尾部各焊缝、上框架转轴部位焊缝等关键焊缝点进行渗透探伤的要求。

第三章　连接装置

主要参编人员： 金　焰　张　迪　等

第一节　车钩四点接触器磨损

1. 质量问题描述

某线路列车年检过程中，发现半自动车钩四点接触器存在严重磨损（图3-1）。车钩四点接触器是连接列车两个单元之间安全回路的重要元器件，如触点接触不良将导致列车失电无法运行。

曾经发生列车在正线运营时因该位置触点接触不良导致失电断激活的故障，造成该列车下线、后续多列车晚点。

2. 问题图片

图 3-1　车钩四点接触器磨损（金焰　摄）

图 3-2　行程开关（金焰　摄）

3. 质量问题分析

车钩在连挂时，车钩四点接触器的动触头在弹簧力的作用下保持和静触头的接触，因此在车辆运行过程中，动、静触头的接触难免会出现磨损情况，如果连挂时造成动、静头错位，则会加大磨损。

4. 处理方法

对磨损严重的触点进行更换。

5. 防治措施

（1）半自动车钩连挂状态检测有四点接触器和行程开关（图3-2）两种方式。

行程开关不需要连挂车钩之间进行电气连接传递电信号（单元内部信号导通并逻辑判断），不受电气连接件接触可靠性的影响。

车钩四点接触器的工作原理为在半自动车钩连挂完成后，动触头弹出与静触点接触，对应位置的动、静触头导通，持续地通过车端电路向司机室提供连挂状态的反馈信号。

其最关键的区别在于检测依据：四触点检测的是两车钩连挂面贴合，只要两侧车钩连挂面距离在 7mm 以内（动触头行程）即开始导通；行程开关检测的是本侧主轴旋转到位同时对侧连挂杆伸出到位后，两边车钩连挂面贴合。

（2）如果选用四触点式车钩，要求供应商提供车钩连挂方案及注意项点，尽量在平直轨道进行连挂，规范人员操作，避免车钩在连挂时因错位导致触头的快速磨损。

（3）在年检时严格按照检修规程检查触头无氧化、卡滞及磨损过度；行程开关的状态须良好、无卡滞。

第二节 车钩电磁阀卡滞

1. 质量问题描述

某线路电客车车钩出现电磁阀锈蚀,造成卡滞(图3-3、图3-4)。

2. 问题图片

图3-3 失效电磁阀锈蚀情况之一(张迪 摄)　　图3-4 失效电磁阀锈蚀情况之二(张迪 摄)

3. 质量问题分析

经过拆解后发现故障电磁阀内部出现严重锈蚀,内部出现锈蚀的原因可能有:
(1)电磁阀自身密封不严,列车清洗水或雨水渗入。
(2)车上风源不达标,导致阀内腐蚀。

4. 处理方法

针对电磁阀自身密封不严的情况,在电磁阀手动按钮处增设防护帽,使电磁阀的外壳防护等级达到 IPX6(参考 GB 4208—2008),然后进行防水试验,拆开阀未见任何水进入。

针对车上风源不达标的情况,对压缩空气进行过滤检查,过滤16h后发现过滤器内存在大量水珠,证明气路有水进入,检查双塔干燥器,如果是工作不正常或者是过滤能力有限需要更换干燥器或更换干燥剂。

5. 防治措施

（1）用户需求书编制阶段

明确车钩的电气元器件（含电磁阀）的 IP 防护等级不低于 56。

（2）设计联络阶段

要求主机厂使用的产品须有成熟业绩、可靠性高，重点审查车钩电磁阀的 IP 等级、产品业绩和故障率。

（3）首件检查

在部件首件检查时，重点检查电磁阀的防水措施及进行防水试验。

（4）风源模块例行试验阶段

增加压缩空气质量的检查测试，确保压缩空气质量符合要求。

第三节　半永久牵引杆撞伤

1. 质量问题描述

某线路大修车间在进行 A014 车与 B014 车连挂作业过程时，发生半永久牵引杆撞伤事故。

2. 问题图片

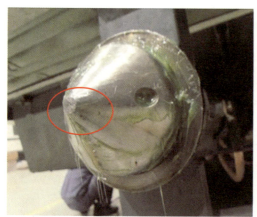

图 3-5　凸锥面碰伤（赵朝星　摄）

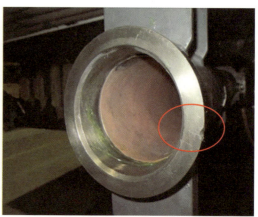

图 3-6　凹锥边缘碰伤（赵朝星　摄）

3. 质量问题分析

推车速度过快导致半永久牵引杆对接后自行弹开并错位，造成半永久牵引杆凹凸锥面发生碰撞并产生碰伤（图 3-5、图 3-6）。事件具体情况如下：

（1）作业指挥人员未在车辆连挂作业前进行车下人员清场确认。

（2）作业指挥人员在发出推车指令以后，发现紧急情况后未对推车人员下达暂停的指令，也未指定其他作业人员指挥就脱离岗位，导致事故的发生。

（3）推车人员没有严格按照车辆连挂作业指导书中对车辆连挂速度的要求执行，推车速度过快产生的碰撞力过大，导致半永久牵引杆凹凸锥面碰伤和凹锥边缘碰伤。

（4）连挂作业人员培训不到位，缺乏安全意识，当指挥人员脱离岗位时应有人代替指挥，作业人员应熟知车体连挂作业的工序要点和安全事项。

4. 处理方法

1）设施和技术方面的措施

（1）要求主机厂对碰伤部位进行磁粉探伤检查，对车辆受损部件进行返工，车钩供货商技术人员到场对受损的半永久牵引杆进行评估。

（2）事故发生后发出了针对 A014 车与 B014 车连挂作业的停工令，立即停止作业（图 3-7）。

图 3-7　连挂部位停止作业（赵朝星　摄）

（3）经评估，更换受损的半永久牵引杆（图 3-8）。

图 3-8　采购的新半永久牵引（赵朝星　摄）

（4）为保证车辆架修进度，按时完成交车任务，在确定整改措施后，及时下达复工令完成半永久牵引杆的更换，安装新半永久牵引杆过程及车体连挂过程如图 3-9～图 3-11 所示。

2）组织管理方面的措施

（1）对车辆连挂作业进行培训，让作业人员熟练掌握车辆连挂作业工序及安全须知，杜绝类似的事情再次发生。

（2）加强作业管理，对多人配合的作业必须指定负责人，避免无人指挥的情况出现，防止此类事件再次发生。

图3-9　安装半永久牵引杆（凹锥）（赵朝星　摄）　　图3-10　安装半永久牵引杆（凸锥）（赵朝星　摄）

图3-11　卡环连接件安装（赵朝星　摄）

（3）召开质量分析会，提高作业人员对质量、安全问题的认知，加强质量、安全意识，对相关作业人员进行考核。

5. 防治措施

（1）督促车辆厂加强对作业人员的安全教育与作业工序的宣贯。坚决杜绝无组织无纪律的作业。

（2）做好现场监督工作，合理设置关键工序和现场旁站点，如熟悉车辆连挂作业的方法，车辆连挂速度，做好现场的旁站工作。

（3）车辆连挂前，对车辆周边和车底环境进行检查，确保无人作业。

第四节　贯通道折棚开线

1. 质量问题描述

某地铁车辆检修时发现部分贯通道折棚存在多处开线的情况（图 3-12）。

2. 问题图片

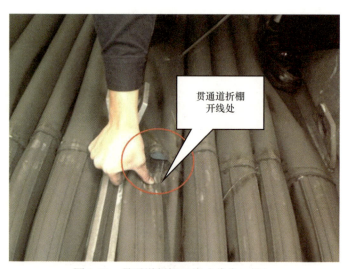

图 3-12　贯通道折棚开线（蒋俊　摄）

3. 质量问题分析

经分析，该现象为贯通道的制造工艺问题。

4. 处理方法

对所有折棚进行返厂处理。

5. 防治措施

（1）设计联络阶段

审查供货商的设计方案，包括棚布及缝纫线的选型分析报告，重点审查篷布厚度、圆弧大小、拉伸压缩量等参数。

（2）首件检查阶段

审查工艺文件（主要对篷布搭接量大小、缝纫质量的控制标准等）、篷布和缝纫线相关的材质报告及检测报告。并对首件的篷布厚度、缝纫线的型号，篷布的搭接量、缝纫质量等进行检查。

（3）总装阶段

设备装车前后，对设备进行开箱检查，主要对外观质量、尺寸进行检查，特别对篷布缝纫缝的密封胶进行目视检查，是否有漏打密封胶的现象。对于质量不合格的贯通道，要求返厂，禁止装车。

第四章 转向架

主要参编人员: 王亚汉 赵朝星 等

第一节　轴端压盖安装螺栓断裂

1. 问题描述

某地铁车辆架修完成后上线运营，发现该车一处车轴轴箱温度超过71℃，经现场拆盖检查：

（1）轴端3个安装螺栓（M22×55）已断裂且断裂位置不同，其中两个约25mm处，另外1个约10mm处，断裂位置均已磨成半球状。

（2）接地碳刷磨耗板安装螺栓有1个（M10×25）松脱，但状态基本完好，仅头部有轻微磨损，其余两个螺栓正常。

（3）接地碳刷磨耗板一角出现破损。

（4）轴箱端盖处有大量铁粉，铁粉中有防松片的残片，残片的止耳为锁紧状态。

（5）压盖表面和轴端均存在明显环形磨槽，深度约2mm。

转向架为涉及行车安全的重要部件，而轴端压盖安装螺栓发生断裂，存在重大的质量安全隐患（图4-1～图4-4）。

2. 问题图片

图4-1　轴端侧残留断螺栓（王亚汉　摄）

图 4-2 轴端压盖外侧（王亚汉 摄）

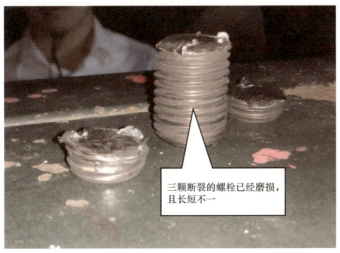

三颗断裂的螺栓已经磨损，且长短不一

图 4-3 断裂螺栓已经磨损，长短不一（王亚汉 摄）

图 4-4 拆卸轴箱轴承，滚珠无明显异常（王亚汉 摄）

图 4-5　轴端压盖止动垫片止耳打紧且到位的状态（王亚汉　摄）

3. 质量问题分析

经第三方检测，安装螺栓 M22×55 表面硬度偏低（标准为 89～99.5，实测为 85.5），其余性能符合要求。轮对轴承润滑脂受到严重的铁粉污染，导致轴承发热，而轴承外圈及内圈外观检查未见轴向蠕动痕迹。

从安装螺栓 M22×55 的使用工况、螺栓断裂位置、防松片残片状态、车辆普查结果、螺栓第三方检测报告、轮对轴承第三方检测报告等信息分析可知：

（1）从螺栓的使用工况，可以排除螺栓因正常使用受力疲劳导致的断裂。

（2）从螺栓断裂位置和防松片残片状态，可知 3 颗螺栓并非同时发生断裂，断裂时至少有 1 个螺栓的防松片是锁紧状态，符合从松动、断裂到磨损的逐渐严重的过程。

（3）从车辆普查结果，可知其余车辆螺栓的安装状态符合要求，此次问题仅为个案，但不能完全排除该轴箱侧轮对压盖螺栓的安装质量原因。

（4）从螺栓的第三方检测报告，可知螺栓主要性能符合要求，但表面硬度偏低，因此也不能完全排除螺栓质量原因。

（5）从轮对轴承的第三方检测报告，可知轮对轴承本身不存在异常，主要是润滑脂受到铁粉污染导致发热和磨损，因此可以排除轮对轴承质量原因。

结论：此次螺栓断裂的主要原因为安装时其中 1～2 个螺栓扭力未打到位或防松片未锁止到位，车辆在高速运转时，其中 1～2 个螺栓因振动松脱、断裂后，其余螺栓也发生断裂，轴端盖从车轴上松脱，处于自由状态，轴端盖与轴箱外盖和车轴之间产生摩擦，导致轴箱外盖内圈、轴端盖和轴端严重磨损，产生大量铁粉，铁粉进入轴承润滑脂，使润滑脂失效，导致轮对轴承异常发热，轴箱体温度随之异常升高。

4. 处理方法

（1）对已架修车辆的轴端压盖螺栓及防松片进行状态普查未发现异常。

（2）更新全部轴端压盖安装螺栓。

（3）加强紧固件来料检查，针对关键部位的紧固件，全部要求送第三方检测，检测内容必须包含机械性能。

（4）加强员工技能培训和质量意识宣贯，按照公司相关制度，对责任人进行考核。

（5）加强轴端盖安装检查，设置专职检查员，严格执行三检制度。

5. 防治措施

（1）关键部位的紧固螺栓须要求提交第三方检测报告，确认紧固件各方面性能满足标准要求后，才允许装车。

（2）在新车监造或车辆架大修过程中，须加强对关键工序监控，确保严格按照技术要求安装螺栓和校核扭矩，同时也须确认止动垫片的止耳已打紧且到位（图4-5）。

（3）编制用户需求书阶段，建议安装轮对轴温自动监测装置，做到实时监测并反馈轴箱的温度，及时发现问题隐患。

（4）车辆投入使用后，日常维护时须重点关注检查轴箱温度试纸的状态，如发现异常须立即拆解轴箱端盖并检查轴箱内部各零部件的状态，确认是否存在异常情况。

第二节　抗侧滚拉杆异响

1. 问题描述

某地铁车辆在运营期间，多个抗侧滚拉杆出现"哒哒哒"的异响。

2. 问题图片

图 4-6　抗侧滚拉杆（王亚汉　摄）

图 4-7　抗侧滚拉杆关节轴承（王亚汉　摄）

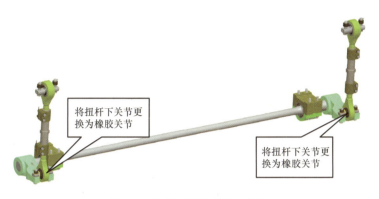

图 4-8　车辆扭杆连杆技改方案

图 4-9　拉杆橡胶关节（王亚汉　摄）

3. 质量问题分析

经检查，抗侧滚拉杆关节轴承异常磨损，从而导致车辆在运行期间出现异响，存在安全隐患（图 4-6、图 4-7）。

4. 处理方法

如发现抗侧滚拉杆异响，须立即将车辆扣修，并将原来的抗侧滚拉杆关节轴承更新为橡胶关节（图 4-8、图 4-9）。

5. 防治措施

（1）在用户需求书编制阶段或合同谈判阶段须规定此类部件的性能要求及使用寿命。

（2）在设计阶段，要求主机厂提供此类部件选型分析报告，应选用具备业内成熟应用业绩且无异响的关节轴承，如橡胶关节等。

（3）在调试阶段，重点关注车下设备异响情况，如发现问题应立即整改；如无法彻底解决异响问题，须换型。

第三节　液压减振器漏油

1. 问题描述

在某地铁车辆架修完成之后,检查时发现横向油压减振器储油缸外表面有大量的液状油迹,几乎覆盖储油缸缸体的全部外表面(图 4-10)。

2. 问题图片

图 4-10　油压减振器外表面有成片油迹(王亚汉　摄)

图 4-11　活塞杆工作位置的外表面有密集的严重划伤痕迹(王亚汉　摄)

图 4-12　油缸内腔油量不足(王亚汉　摄)

3. 质量问题分析

经全面检查发现横向油压减振器活塞杆表面存在密集的严重划伤痕迹（图 4-11），从而导致液压减振器漏油。该问题产生的主要原因可能如下：

（1）该减振器漏油的直接原因是：减振器的密封被划伤，密封失效；减振器运行时，内腔的高压油液会沿密封的破损位置溢出。

（2）车辆运行时，外部的硬质颗粒嵌入活塞杆与导向体的密封间隙，在活塞杆往复运动时，对此二者的工作面产生持续的划伤，从而造成了漏油的情况。外部颗粒的嵌入，除外部原因外，在制造过程中，可能与导向密封安装缺陷（如歪斜、划伤后产生缺口）有关。

（3）内部检修过程中，可能存在未及时更换表面损伤活的塞杆而造成导向密封划伤。

4. 处理方法

因该减振器内腔的油量减少（图 4-12），经试验其示功图和特性曲线不完整，证明阻尼性能已部分失效，对其进行更换处理。

5. 防治措施

（1）用户需求书编制阶段

了解各厂家油压减振器质量及优缺点，同已有项目比较，并收集之前项目有关油压减振器的质量问题。

（2）设计联络阶段

要求车辆供货商根据项目使用环境和线路条件选型。

（3）列车总装阶段

油压减振器到货后开箱检查质量和品牌，要求油压减振器铭牌正确，表面无油渍、划伤、破损等现象。

（4）架修阶段

在架修过程中，对于油压减振器进行返厂维修，审查厂家提供的维修方案。返修的首件检查时要求油压减振器铭牌正确，表面无油渍、划伤、破损等现象。

第四节 空气簧漏气

1. 质量问题描述

某项目车辆在调试期间发现一位转向架一位侧、二位转向架二位侧的空气弹簧漏气,经检查为空气弹簧上盖与车体之间漏气(图4-13)。

2. 问题图片

图 4-13 空气弹簧上进气柱损伤(朱正凯 摄)

图 4-14 车体配合孔损伤(朱正凯 摄)

3. 质量问题分析

将车体与空气弹簧分离,发现一位转向架一位侧、二位转向架二位侧的空气弹簧上进气柱配合处存在严重划伤,车体配合孔也存在不同程度的损伤(图 4-14)。经分析,造成空气弹簧漏气的原因:单车做称重试验时,采用天车将整辆车起吊放入称重台位,车辆落到称重台位时,由于车辆自重比较大、降落速度过快,对空气弹簧本身以及车体配合孔造成很大的冲击。

4. 处理方法

因空气弹簧漏气会危及车辆运营安全和影响乘车体验,要求对损伤的空气弹簧进行更换,并重新进行列车泄漏试验。

从后续列车开始,在做单车称重试验时,不采用天车吊运,而由人工将称重单车推移到称重台位。

如需使用天车或吊车起吊整辆车时,应要求操作人员严格按照相关操作规范执行,起吊前检查车辆各项防护措施是否到位,在车辆完成吊车作业后检查车辆状态。

5. 防治措施

(1)在整辆车起吊作业时,起吊前应先检查车体与转向架各个连接部件是否异常,无异常后方可进行起吊作业。

(2)吊车作业时,现场指挥人员通过对讲机指挥天车操作人员进行缓慢起吊和移动。

(3)落车时应保证单车缓慢放置到轨道上,减少与轨道的冲击,避免对单车部件造成损伤。

(4)落车后应检查车体与转向架连接部件是否有损伤,主要检查项点:高度调整阀、抗侧滚扭杆、液压减振器、中心销等部件。

第五节　车辆轴重超差

1. **质量问题描述**

   某项目车辆首列车称重过程中，出现拖车、动车轴重差超差现象（表4-1、表4-2）。

2. **问题图片**

动车称重数据　　　　　表 4-1

动车				
轴位	一位	三位	五位	七位
第一次	4530	4520	4760	4840
轴位	二位	四位	六位	八位
第一次	5000	4940	4775	4675
轴重	9530	9460	9535	9515
平均轴重	9510			
轴重差	0.21	−0.53	0.26	0.05

拖车称重数据　　　　　表 4-2

拖车				
轴位	一位	三位	五位	七位
第一次	4955	4774	4221	4248
轴位	二位	四位	六位	八位
第一次	4589	4683	4213	4080
轴重	9544	9457	8434	8296
平均轴重	9500		8365	
轴重差	0.46	−0.45	0.34	−0.82

3. 问题质量问题分析

通过对单车称重台位进行校核，发现称重台位相邻轨道之间间隙过大，造成称重精度下降，最终导致动车、拖车轴重差数据超差。称重台位校核后，现场重新进行单车称重，轴重差数据正常，验证动车、拖车轴重差数据超差与车辆设备配重无直接关系见表 4-3。

动车、拖车轴重差数据　　　　　　　　　　表 4-3

车号		第 1 次称重数据	第 2 次称重数据	第 3 次称重数据
		轴重差	轴重差	轴重差
A003	A0031	不合格 （最大值：9.3%）	不合格 （最大值：9.0%）	合格（7.4%）
	A0035	不合格 （1 轴：2.27%；4 轴：2.02%）	合格	
	A0036	不合格 （最大值：8.7%）	合格	合格（7.8%）
A004	A0041	不合格 （最大值：10.5%）	不合格 （最大值：8.8%）	合格（7.7%）
	A0045	不合格 （1 轴：2.1%）	合格	
	A0046	合格（7.5%）		

注：项目合同要求，M\MP 车每轴轴重与该车平均轴重之差不超过该车平均轴重的 ±2%，TC 车每轴上所测得的轴重，原则上要求不大于 8%。单根轴轴重差 =（单根轴重－平均轴重）/ 平均轴重。

4. 处理方法

动车、拖车单根轴轴重差数据超差的原因是称重台位长时间没有进行校检导致计量器件测量结果不准确。

要求主机厂对称重台位进行校核，并对已完成单车称重的车辆重新进行称重。

5. 防治措施

单车称重试验是检查车辆的重量及重量分配是否满足合同规定：任一侧各车轮上测得的轮重总和与在两侧测得的轮重总和的平均值之差，不超过 ±4%；轮对的每个车轮测得的轮重与该轮对平均轮重之差，不超过 ±4%；动车每轴轴重与该车平均轴重之差不超过该车平均轴重的 ±2%；拖车 AW0 时每轴上所测得的轴重，原则上要求不大于 7.2% 执行。

按照《城市轨道交通车辆组装后的检查与试验规则》(GB/T 14894—2005) 开展称重试验。

（1）称重前被称重车辆悬挂系统及基础制动都调整到满足称重要求的状态；基础

制动应在自由状态；空气簧应保证正常工作。被称重车辆载荷状态为型式试验：AW0、AW2、AW3；例行试验：AW0。

（2）被称重车辆在专用车辆称重试验台线路通过专用称重试验台测量出每个车型的每个车轮作用于轨道的垂直载荷数据，车重各种数据是试验台自动显示和打印的，因此除了被称重车辆状态应该满足以上要求状态外，专用称重试验台也必须检查计量是否为合格状态。对于称重、测量等校检作业，均需先对计量工具进行检查，确保工具在送检有效期内。

第六节 轮对生锈

1. 问题描述

某项目的车轮对出现不同程度的生锈情况(图4-15)。

2. 问题图片

图4-15 生锈车轮(贾云峰 摄)

3. 质量问题分析

清漆(又名凡立水),是由树脂为主要成膜物质再加上溶剂组成的涂料。由于涂料和涂膜都是透明的,因而也称透明涂料。涂在物体表面,干燥后形成光滑薄膜,显出物面原有的纹理。但清漆比普通漆更容易受到环境污染的侵蚀。而项目所在城市位于南方沿海地区,空气湿度大,空气腐蚀性强,造成清漆不能起到良好的保护作用,使得轮对在脱漆、清洁、重新补清漆2个月后出现生锈现象。

4. 处理方法

轮对除锈后补底漆和灰色面漆,所有油漆的品牌、颜色及涂装工艺与转向架构架补漆相同。

根据首列车改造效果,再确定后续列车的轮对防锈方案。

5. 防治措施

清漆，优点：具有防紫外线照射的保护功能，清漆本身美观，光泽度、透明度高，方便轮对的日常目测检查；缺点：易出现划痕，清漆比普通漆更容易受到环境污染和侵蚀。

灰漆，优点：有优良的防锈、耐水性能和耐化学腐蚀性能，涂膜干燥快，附着力好；缺点是透明度低，不易轮对的日常目测检查。

（1）技术咨询阶段

建议轮对防锈处理方法采用底漆加面漆。

（2）首件检查阶段

对车轴及轮对等部件的防护性能进行抽检，抽检项点如涂层厚度、光泽度、色差、附着力等。

第七节　车轮降噪阻尼器螺栓断裂

1. 质量问题描述

已完成架修工作并上线运营近 1 个月的某车一轴左侧有一颗降噪阻尼器螺栓断裂（图 4-16）。

2. 问题图片

图 4-16　断裂螺栓（贾云峰　摄）

3. 问题质量问题分析

阻尼片式车轮降噪阻尼器控制轮轨噪声的原理是通过吸收车轮的振动来达到降噪的目的。它是基于一种宽频带的动力吸振技术，即对于一个单自由度振动系统，当外加一个质量很小的单自由度吸振器后，如果吸振器的固有频率设计成与原系统的固有频率一样，则当原系统以固有频率激振时，其振动将完全被吸振器吸收。当吸振器中适当增加阻尼后，吸振器的有效吸振频带变宽，同时吸振器的振动也会快速衰减掉。对于多自由度振动系统，则需外加多自由度吸振系统去吸收振动。

每个车轮需要安装 8 片阻尼片（图 4-17），每片通过 3 个 M8 的螺栓与车轮固定，为防止螺栓松弛，将阻尼片固定螺栓用铁丝绑定。固定螺栓在调整过程中，存在扭力过大现象，导致螺栓断裂。

图 4-17　阻尼片紧固安装（贾云峰　摄）

4. 处理方法

对已完成架修工作的列车轮对阻尼片紧固螺栓进行普查，如发现不合格件进行更换。

5. 防治措施

车轮降噪有多种方案，目前国内采用降低车轮噪声的方法主要有三种：采用整体低噪声地铁车轮；采用阻尼片式车轮降噪阻尼器；采用车轮降噪阻尼环。

整体低噪声地铁车轮时，无须对车轮进行加工，也无须附加阻尼片或阻尼环，为车辆制造提供了便利，同时提高了降噪措施的安全性、可靠性。但整体低噪声地铁车轮刚刚投入使用，对其降噪效果、造价成本、养护维修成本以及耐用性尚须进一步考察。

阻尼片式车轮降噪阻尼器降噪效果是好的、可靠的、成熟的，经过近十年的应用考验，已经得到用户的认可。但采用阻尼片式车轮降噪阻尼器缺点是车轮加工复杂，工艺性差，要开宽 20mm 的工艺槽，要钻 24 个孔，并要攻丝。运用中偶尔也会发生螺栓松弛、折断等不安全现象。

在技术咨询阶段，建议采用车轮降噪阻尼环。

第八节　关于联轴节油堵渗油的质量问题分析

1. 问题描述

某项目车辆月检时,发现不久前完成架修的车辆其中一个转向架的联轴节有 2 个油堵出现渗油(图 4-18)。

2. 问题图片

图 4-18　联轴节油堵渗油(贾云峰　摄)

3. 质量问题分析

(1)作业人员没有严格按照工艺文件的要求将联轴节油堵的紧固螺栓扭至正确扭力,造成装配之间存在细微缝隙,导致密封性不足。

(2)质检人员责任心不强,复查不到位,没有及时发现该紧固螺栓的扭力不正确,导致问题车辆上线,在运行过程中渗油。

4. 处理方法

(1)检查该联轴节剩余油量是否满足要求,对拆除油堵后报废的密封铜垫进行更新。

(2)普查该车联轴节防松标记有无错位,并校核扭力。

5. 防治措施

(1)建立有效的检查制度,设立专职质检人员、建立三检制度(自检、互检、交叉检）等。

（2）对检查指令的执行情况进行检查，定期检查质检记录。

（3）检查作业过程的记录情况，如履历表、作业记录卡等。

（4）抽检联轴节紧固螺栓的扭力值，如发现不合格的应要求全车普查，并将抽检结果记录存档。

第九节　齿轮箱油发黑

1. 问题描述

在某项目发现一辆车 2 个齿轮箱中润滑油存在浑浊、发黑的情况。

2. 问题图片

图 4-19　送检油脂（贾云峰　摄）

3. 质量问题分析

取出该齿轮箱内的润滑油送第三方检测机构进行检测（图 4-19），检测结果显示润滑油中铁、铜含量超标（图 4-20），判断为更换齿轮箱润滑油时，作业人员没有检查齿轮箱内部储油腔中旧油的残留量，也未使用风枪对残留的旧油进行清洁，造成旧油未排放干净就注入新油。

4. 处理方法

（1）对异常的齿轮箱润滑油进行更换，并将异常油体收集送往第三方检测机构检测。

（2）要求修订《轮对架修作业指导书》，明确齿轮箱清洗、更换润滑油的相关要求。

（3）检查用于注入润滑油的量杯、漏斗、车间风源的洁净度。

（4）同批次的润滑油进行第三方检测，合格后方可使用。

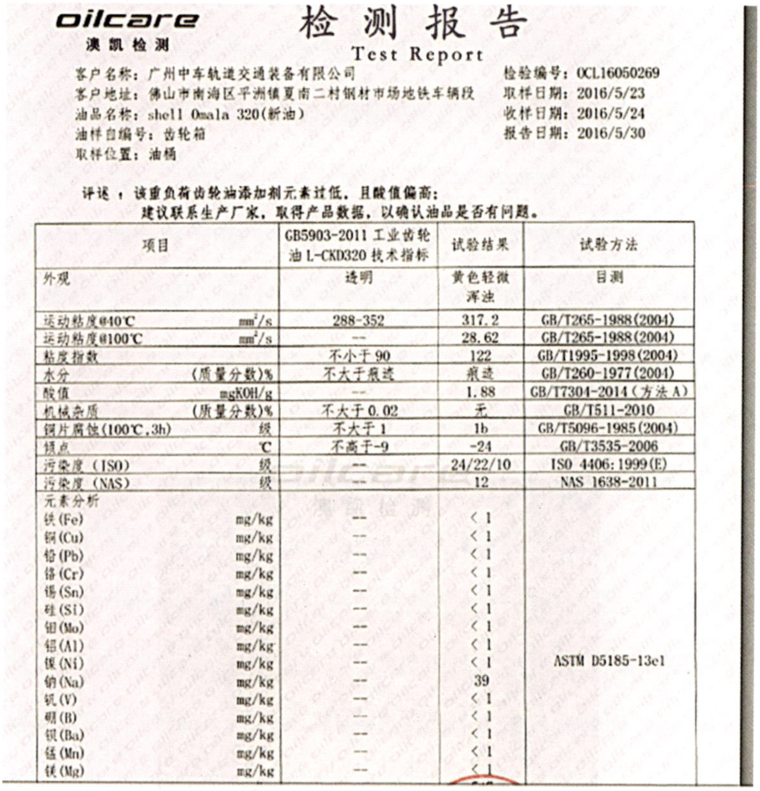

oilcare
澳凯检测

检测报告
Test Report

客户名称：广州中车轨道交通装备有限公司　　检验编号：OCL16050269
客户地址：佛山市南海区平洲镇夏南二村钢材市场地铁车辆段　　取样日期：2016/5/23
油品名称：shell Omala 320(新油)　　收样日期：2016/5/24
油样自编号：齿轮箱　　报告日期：2016/5/30
取样位置：油桶

评述：该重负荷齿轮油添加剂元素过低，且酸值偏高；
建议联系生产厂家，取得产品数据，以确认油品是否有问题。

项目		GB5903-2011 工业齿轮油 L-CKD320 技术指标	试验结果	试验方法
外观		透明	黄色轻微浑浊	目测
运动粘度@40℃	mm^2/s	288-352	317.2	GB/T265-1988(2004)
运动粘度@100℃	mm^2/s	--	28.62	GB/T265-1988(2004)
粘度指数		不小于 90	122	GB/T1995-1998(2004)
水分	(质量分数)%	不大于痕迹	痕迹	GB/T260-1977(2004)
酸值	mgKOH/g	--	1.88	GB/T7304-2014（方法 A）
机械杂质	(质量分数)%	不大于 0.02	无	GB/T511-2010
铜片腐蚀(100℃,3h)	级	不大于 1	1b	GB/T5096-1985(2004)
倾点	℃	不高于-9	-24	GB/T3535-2006
污染度（ISO）	级	--	24/22/10	ISO 4406:1999(E)
污染度（NAS）	级	--	12	NAS 1638-2011
元素分析				
铁(Fe)	mg/kg	--	＜1	
铜(Cu)	mg/kg	--	＜1	
铅(Pb)	mg/kg	--	＜1	
铬(Cr)	mg/kg	--	＜1	
锡(Sn)	mg/kg	--	＜1	
硅(Si)	mg/kg	--	＜1	
钼(Mo)	mg/kg	--	＜1	
铝(Al)	mg/kg	--	＜1	
镍(Ni)	mg/kg	--	＜1	ASTM D5185-13e1
钠(Na)	mg/kg	--	39	
钒(V)	mg/kg	--	＜1	
硼(B)	mg/kg	--	＜1	
钡(Ba)	mg/kg	--	＜1	
锰(Mn)	mg/kg	--	＜1	
镁(Mg)	mg/kg	--	＜1	

图 4-20　齿轮箱油检测报告

5. 防治措施

新车制造或车辆架修中，应检查车辆所使用润滑油的供货商资质和产品的第三方检测报告，合格后方可使用。同时监造工程师应对检查报告存档。

应检查润滑油脂的存放及使用环境及工器具，如：加油的量杯、漏斗、车间风源的洁净度等。

应监督主机厂通过正规渠道采购合格的润滑油脂。

第十节　一系钢弹簧转动

1. 质量问题描述

某线路的一系钢弹簧为内、外钢簧结构，运营过程中发现一系弹簧发生转动，造成内外簧位置标识错位（图 4-21）。

2. 问题图片

图 4-21　一系钢圆弹簧（金焰　摄）

3. 质量问题分析

（1）弹簧为螺旋状结构，在承受垂向载荷时，上下端面会产生一定的横向力和旋转力。

（2）一系悬挂装置为转臂定位方式，弹簧为偏置安装，当垂向载荷发生变化时，弹簧上下端面会形成一定角度。因此在车辆运行过程中弹簧会承受动态的弯曲力，这个弯曲力也会提供弹簧旋转动力。

（3）车辆在线路上运行时（特别是通过曲线时），弹簧上下端面会有横向位移且有旋转。

（4）如弹簧安装时圆周方向是自由状态，受垂向载荷影响，弹簧活动端会产生旋转，当旋转力或横向力克服了弹簧底部的摩擦力时，弹簧会出现旋转现象。

（5）由于内簧的中径较小，外环中径较大，弹簧沿圆周方向转动时所需克服的摩擦力较外簧更小，因此旋转现象出现在内簧。

4. 处理方法

转向架一系悬挂装置横向刚度由转臂定位橡胶关节提供，一系弹簧主要影响转向架一系垂向刚度。当弹簧发生转动后，对弹簧的刚度并无影响，因此对整车平稳性和安全性没有影响，故暂不做处理（图 4-22）。

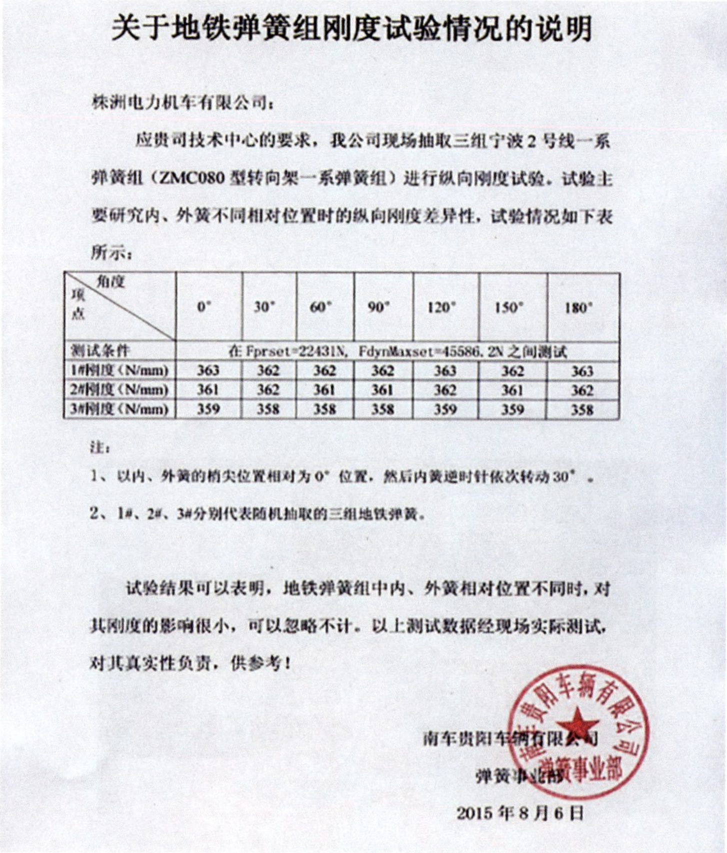

关于地铁弹簧组刚度试验情况的说明

株洲电力机车有限公司：

应贵司技术中心的要求，我公司现场抽取三组宁波 2 号线一系弹簧组（ZMC080 型转向架一系弹簧组）进行纵向刚度试验。试验主要研究内、外簧不同相对位置时的纵向刚度差异性，试验情况如下表所示：

角度 项点	0°	30°	60°	90°	120°	150°	180°
测试条件	在 Fprset=22431N，FdynMaxset=45586.2N 之间测试						
1#刚度（N/mm）	363	362	362	362	363	362	363
2#刚度（N/mm）	361	362	361	361	362	361	362
3#刚度（N/mm）	359	358	358	358	359	359	358

注：

1、以内、外簧的梢尖位置相对为 0° 位置，然后内簧逆时针依次转动 30°。

2、1#、2#、3#分别代表随机抽取的三组地铁弹簧。

试验结果可以表明，地铁弹簧组中内、外簧相对位置不同时，对其刚度的影响很小，可以忽略不计。以上测试数据经现场实际测试，对其真实性负责，供参考！

南车贵阳车辆有限公司

弹簧事业部

2015 年 8 月 6 日

图 4-22　弹簧发生旋转后对弹簧刚度的影响

当转向架重新架落车时，可将位置标识错位的弹簧重新安装到正确位置，位置标识均垂直于转向架车轴中心线朝向外侧安装。

5. 防治措施

出现此现象，内簧转动对于整车性能以及行车安全并无影响，但在检查时要注意弹簧本身是否有变形或者裂纹，如发现应及时要求更换。

第十一节　车辆转向架异响

1. 质量问题描述

某车辆进行动态调试时，发现 TC2 车转向架有异响（规律性响声）（图 4-23）。

2. 问题图片

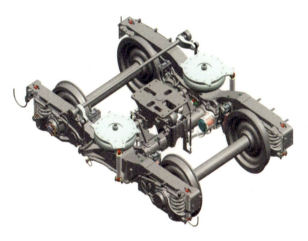

图 4-23　转向架

3. 质量问题分析

车辆运行中转向架发出规律性的异响一般与轮对有关，可结合异响频率、车辆速度等判断问题发生点，同时对一系、二系各部件进行详细检查，缩小检查范围。通过更换部件检验异响是否消除来确定异响发生部位。

4. 处理方法

针对异响问题，对 TC2 车的整体起吊装置、抗侧滚装置、二系止档等部件进行检查，各项检查参数均合格。将 TC2 车异响转向架与 TC1 车同位置转向架进行互换，经试验异响转移。最后更新 TC2 车的两个有异响的转向架，异响消除。

经现场排查，更换轮对及转向架上线验证，最终确定异响点是发生在轮对上，由于轮对踏面失圆，造成车辆运行时有周期规律性的异响。因现场条件限制，无法对轮对作精确检验，更换轮对过程中，对构架上轮对转臂定位关节安装座产生了损伤，后要求主机厂更新了 TC2 车的两个转向架。

5. 防治措施

（1）车辆生产制造时

对首个转向架构架焊接、组装、试验等过程进行旁站见证，保证转向架构架尺寸、焊缝探伤、组装、试验等满足要求。

在后续批量转向架生产中设置停止见证点，保证对转向架生产质量的把控。检查转向架过程中的作业记录文件、质量检测证明文件是否齐全，对文件中的参数进行抽检核实。

（2）车辆动态调试时

监理工程师在车上应做好巡视，注意观察车辆在不同工况下转向架的状态，是否有异响，如发现问题，及时督促主机厂查明原因并进行整改，避免车辆到达用户现场后出现类似问题。

第十二节 转向架构架焊缝缺陷

1. 质量问题描述

在某项目车辆架修过程中，按照架修规程规定对车辆转向架构架受力部位焊缝处进行探伤，经探伤普查统计首列车 8 台构架存在共计 124 处焊缝缺陷（图 4-24～图 4-26）。

根据中城装备（2014）63 号《城市轨道交通 B 型电动客车用户需求书（范本）》文件规定，构架使用寿命不小于 300 万公里，车辆在第一个架修定修时出现的构架焊缝缺陷现象实属异常，须及时处理。

2. 问题图片

图 4-24　二架横梁与侧梁焊缝（赵朝星　摄）

图 4-25　一架空气室与侧梁焊缝（赵朝星　摄）

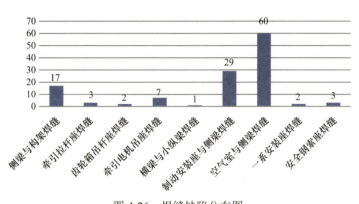

图 4-26　焊缝缺陷分布图

3. 质量问题分析

经现场探伤及焊缝处理发现，缺陷部位多发生在空气室与侧梁焊接处、制动安装座与侧梁连接处、侧梁与横梁焊接处。焊缝表现特征是焊材边缘与主体间未能良好贴合，多属焊点未融合现象，在车辆制造过程中未严格执行焊接处理工艺，且探伤检查未发现问题，无探伤检查报告，无法追溯。

4. 处理方法

（1）焊点未融合现象的焊缝，稍加打磨后进行磁粉探伤，探伤合格即可。

（2）对于打磨较深后仍发现气孔、裂纹等情况，须进行补焊处理。

5. 防治措施

车辆制造生产中，构架焊缝探伤属关键作业，须特别关注。应做好以下几点把控：

（1）设计联络阶段

要求主机厂提交构架焊缝的分布图，关键承力的焊缝部位需明确标注。

（2）生产监造阶段

须对探伤、焊接等特种作业人员资质、焊接及探伤的工艺进行检查，抽查生产人员是否按照工艺作业。

对关键焊缝如牵引座、牵引电机安装座、齿轮箱吊杆座等需特别关注，采用磁粉探伤或超声波探伤等现场见证方式抽查焊缝质量，检查焊接表面的状态，并核查探伤报告的严谨性。

第十三节　转向架轴端速度传感器轴箱进水

1. 质量问题描述

某项目列车转向架轴端的信号系统速度传感器安装后轴端出现进水，造成轴端生锈情况（图 4-27）。

2. 问题图片

图 4-27　轴箱内积水并有锈迹（刘郑伟　摄）

3. 质量问题分析

1）速度传感器安装说明（图 4-28～图 4-30）
速度传感器安装于轴箱外端盖上，采取以下措施进行防水防尘：
（1）速度传感器的紧固螺栓涂乐泰胶防松和密封作用；
（2）在轴箱外端盖的安装界面上粘贴密封垫圈；
（3）紧固螺栓的紧固力矩为 60±3N·m（由信号供货商要求）。

2）机械接口协议未明确防水等级
主机厂和信号供应商双方在签订接口技术协议时，没有明确速度传感器和轴箱外端盖安装接口的防护等级要求。信号供应商在密封垫选型时没有考虑防水等级，导致密封垫的防水性能不足。

3）安装不规范
速度传感器上防拆硅胶涂抹不规范，硅胶侵入密封垫安装平面，造成安装结合面不平整，导致密封垫粘贴后凹凸不平。经验证，该凹凸不平是导致轴箱体进水的主要原因之一。

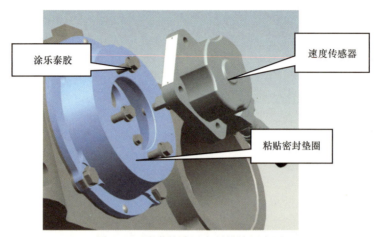

图4-28　速度传感器密封措施示意图

图4-29速度传感器密封实物图(*a*)（刘郑伟　摄）　图4-30　速度传感器密封实物图(*b*)（刘郑伟　摄）

4）无信号供货商安装督导

按照业主与信号供应商签订的合同要求，在首列车安装速度传感器时，信号供应商须在主机厂对其产品进行安装督导。而在产品安装时，主机厂在没有安装作业指导书和未通知信号供应商到场指导的情况下就自行安装，导致密封垫安装不满足要求。

5）信号系统速度传感器安装工艺验证不到位

首列车信号系统的速度传感器安装后，没有验证防水性能就直接进入批量生产环节。

4. 处理方法

（1）主机厂和信号供应商完善接口协议，补充信号系统速度传感器与轴箱外端盖安装接口的防护等级要求。

（2）速度传感器轴端密封以密封垫圈为主，信号供货商对密封垫圈重新选型，密封垫圈厚度由原来的1mm改为1.5mm。

（3）整改时将所涂抹不规范的硅胶全部清除干净，保证安装结合面平整，确保新密封防水垫粘贴牢固、平整。

（4）信号供应商提供速度传感器的安装指导书和维护手册，主机厂按照安装指导书进行工艺转化，并固化到工艺文件中，确保安装人员操作规范，保证质量。

（5）浸水试验为例行试验项目，后续速度传感器安装到轴端后，在装到转向架上之前均须做浸水试验（图4-31）。

图4-31　安装速度传感器的轴端装置浸水试验（刘郑伟　摄）

5. 防治措施

（1）用户需求书编写阶段

车辆专业与信号专业对速度传感器安装IP等级要求保持一致，建议IP等级为IPX6。

（2）设计联络阶段

将速度传感器安装到轴端后整体进行浸水试验作为例行试验，在试验大纲中明确试验方法。

（3）首列车试制阶段

检查速度传感器的安装过程是否满足工艺文件要求。

（4）批量制造阶段

对速度传感器安装到轴端后进行浸水试验，合格后方可装车。

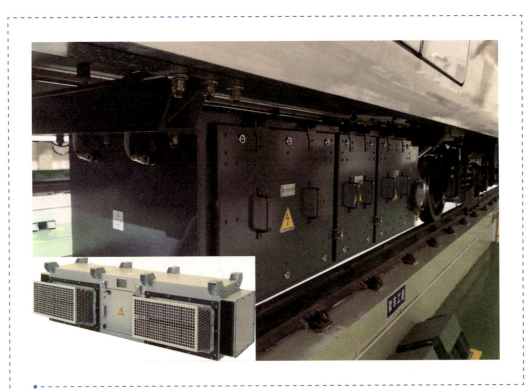

第五章　牵引系统

主要参编人员：陈熙栋　李靓娟　等

第一节　牵引箱上方遗留 M10 扳手

1. **质量问题描述**

   某项目车辆月检时，发现牵引箱的上部有一把 M10 扳手（图 5-1、图 5-2）。

2. **问题图片**

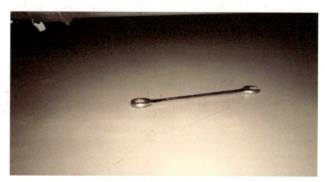

图 5-1　扳手遗落在牵引箱上（贾云峰　摄）

图 5-2　遗落扳手（贾云峰　摄）

3. 质量问题分析

作业人员对车体管卡螺栓扭力校正时不小心遗留，质量问题分析如下：
（1）班组工器具管理混乱，使用无人登记，归还无人确认，无专人管理工器具。
（2）无专人检查完成作业的车辆，交检人员负责区域划分不明。
（3）工器具无专门标识，各班组工器具无法分辨，存放混乱。
（4）现场工器具没有台账记录。

4. 处理方法

（1）对进入大修车间静调库、检修库的工具实施拍照请销点制度。
（2）实施由交车检查负责人对交车后现场工具清场的车辆的检查。
（3）对大修的所有工具进行分班组标记。
（4）严格执行班组借用登记制度。
（5）规范填写工具登记，具体到型号、数量、品牌。
（6）班组的工具管理责任到个人。
（7）对车内、车顶、箱体内部清场专项检查。

5. 防治措施

（1）完善检查制度
要求车辆制造或架修单位，在质量检查时同时检查工器具是否有遗留。
（2）制度履行程度检查
对车辆制造或架修单位建立的制度执行情况进行检查。
（3）检查作业记录
检查架修单位的检查作业记录，如：履历表、互检确认单等，并将抽检结果记录存档。

第二节 地铁车辆牵引电机轴承故障

1. 质量问题描述

某地铁车辆在第一次架修期前，屡次发生车辆牵引电机烧损，如表 5-1 统计。

牵引电机烧损情况表　　　　表 5-1

序号	故障现象	故障日期	公里数
1	A 车三轴电机烧损	2015/2/20	464442
2	B 车二轴电机烧损	2015/6/21	493872
3	C 车一轴电机烧损	2016/1/22	578564

2. 问题图片

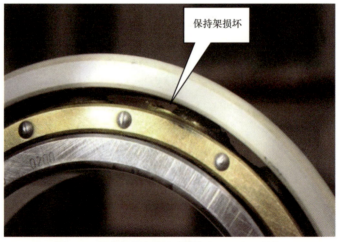

图 5-3　轴承保持架损坏图样（王亚汉　摄）

图 5-4　牵引电机轴承分解（王亚汉　摄）

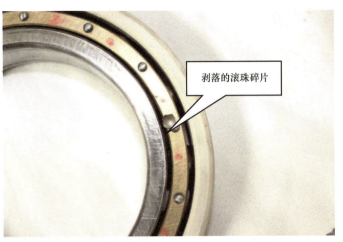

图 5-5　轴承滚珠损坏图样（王亚汉　摄）

3. 质量问题分析

车辆运营公里数未达 60 万公里，轴承的保持架及滚珠异常磨耗损坏（图 5-3～图 5-5）的问题已批量出现，故障轴承实际使用寿命远远低于车辆采购合同技术要求（不少于 200 万公里），经分析为轴承的设计强度不满足实际负载需求，因此可见该项目牵引电机轴承的选型达不到合同要求。

4. 处理方法

（1）轴承重新选型更换。在第一个架修期内，牵引电机原厂家重新选择合适的轴承将原轴承更新，解决车辆牵引电机轴承陆续出现因振动过大而导致电机烧损的问题。

（2）监测牵引电机轴承状态。在车辆检修规程中增加检测牵引电机轴承使用状态的作业内容，对于轴承振动值偏大的电机及时处理。

5. 防治措施

（1）编写用户需求书阶段
车辆用户需求书中须要求供货商使用成熟可靠、有应用业绩的产品部件。
（2）设计联络阶段
要求供应商根据技术规格书的轴承寿命要求并结合牵引电机参数进行综合选型，并提交选型设计分析说明文件、牵引电机故障的处理方法。
（3）生产阶段
在首件检查时应检查轴承的材质、品牌、产品合格证等信息；在车辆生产制造过程中加强检查，如发现质量问题及时要求整改。
（4）运营使用阶段
对于正在运营的车辆，应建立牵引电机轴承质量跟踪机制，采用专业检测设备定期测试轴承振动值，对于振动值高的应及时送修。

第三节 牵引电机在运输过程中轴承损伤

1. 质量问题描述

牵引电机经长途运输后出现不同程度的异响。

2. 问题图片

图 5-6　轴承滚道表面出现轴向压痕（张迪　摄）

图 5-7　转向架运输时牵引电机防护措施示意（李靓娟　摄）

3. 质量问题分析

拆解电机后发现电机轴承滚道表面有深浅不一的轴向压痕（图 5-6），电机内部无明显异常。

牵引电机的转子和定子之间通过一对轴承连接，定子和转子之间存在一定间隙。运输包装时，转子没有固定，径向和轴向都处于游动状态。在运输途中，如遇道路崎岖或车速急剧变化，电机转子存在因惯性猛烈撞击电机轴承限位部分的安全隐患。轴承的内外套、滚动体及保护架极易受到损伤。受到垂向冲击时，该垂向力传递至轴承的滚子及滚道上，造成轴承滚道内外圈表面形成压痕。当电机运转时，轴承滚子滚过压痕时产生振动，发出异响。

4. 处理方法

（1）更换受损电机轴承。

（2）优化转向架运输方案，补充牵引电机防护措施。

5. 防治措施

在监造阶段，对牵引电机单部件运输、转向架运输、车辆运输等方案进行审核，审核其在运输过程中牵引电机防护措施是否合理，是否有轴承保护措施。

建议防护措施（图 5-7）：

（1）非驱动端采用工艺螺栓顶住转子，限制转子的轴向移动；

（2）驱动端采用收紧带固定电机轴与电机座，减少轴承受到的垂向冲击。

第四节　牵引电机抖动

1. 质量问题描述

某地铁车辆牵引电机启动检测时，速度跳变引起车辆抖动同时速度信号丢失。

2. 问题图片

图 5-8　轴承外盖轴向压紧面有压痕（员华　摄）

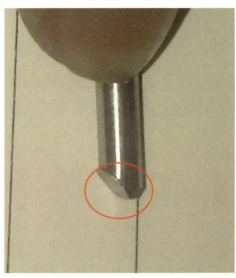

图 5-9　销钉头磨损（员华　摄）

图 5-10　轴承内盖泄油槽口位置偏斜（员华　摄）

图 5-11　正常轴承内盖泄油槽口位置（员华　摄）

3. 质量问题分析

（1）试验检测：对电机的三相电阻、电气性能、电机气隙等项点检测，检测结果均合格。

（2）实物解体检查：发现电机轴承外盖轴向压紧面有点状及线状的压痕（图5-8），同时轴承内盖定位孔中的销钉靠轴承一侧的销钉头磨损（图5-9）。当轴承外盖拆除后，发现电机轴承内盖泄油槽口位置偏斜（图5-10、图5-11），证明该轴承内盖发生偏转。

（3）理论分析：在电机装配过程中，非轴伸端两个轴承盖之间安装定位孔未对齐，导致定位销未装入外侧轴承外盖销孔内，销子顶紧轴承（销长12mm），轴承内盖轴向未压紧（轴承内盖厚10mm），造成运行中轴承外圈从微量蠕动发展到整体左右跑圈的现象。

（4）实物验证：为进一步验证，对轴承外圈的磨损位置检查确认，在轴承外圈的顶部磨损位置处，与销钉接触位置的磨损情况进行模拟对比，其模拟结果与实际情况相吻合（图5-12）。

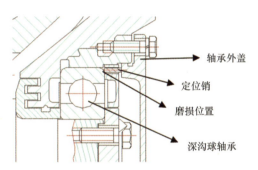

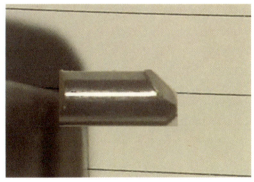

图5-12 销钉与轴承外圈顶住位置及磨损情况（员华 摄）

4. 处理方法

（1）对故障电机进行修复。
（2）对非轴伸端装配正确性进行排查。

5. 防治措施

（1）设计联络阶段
审查牵引电机轴承端盖安装、定位结构等。建议不采用销钉定位方式，可采用不同安装角度的螺栓定位或其他更优定位方式；若采用销钉定位，则轴承盖销孔宜设置为盲孔。

（2）首件检查阶段

若采用销钉定位，则对装配工艺文件中是否有关于销钉安装到位的描述。如其他部件也有类似定位方式也应关注此项点的检查。

（3）生产阶段

在车辆生产制造过程中加强检查，如发现质量问题及时要求整改。

第五节　齿轮箱油标观察板出现裂纹

1. **质量问题描述**

   压板结构的齿轮箱油标观察板出现裂纹（图 5-13）。

2. **问题图片**

图 5-13　油标观察板出现裂纹（员华　摄）

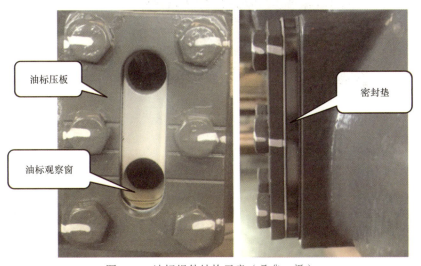

图 5-14　油标组件结构示意（员华　摄）

3. 质量问题分析

该齿轮箱油标组件由一个油标压板（铁质盖板）、一个油标观察窗板（PC 耐压板）和两块密封垫片组成（图 5-14）。油压观察窗板通过油标压板及螺栓固定在齿轮箱体上，螺栓上涂有螺纹锁固胶，油标压板与油标观察窗板、油标观察窗板与箱体之间分别放置密封垫片，通过密封垫片的弹性变形弥补各平面之间的不平。

油标观察窗板材质为 PC 板材，PC 板是以聚碳酸酯为主要成分的有机物，螺纹锁固胶也是有机物。根据有机相溶原理，PC 板与螺纹锁固胶（或其他有机溶剂）会发生化学反应引发裂纹。油标观察窗 PC 板与有机溶剂接触的途径可能有：

（1）油标组件在组装过程中，螺纹锁固胶因受到挤压溢流粘附在油标观察窗板（材质 PC 板）上。

（2）使用有机溶剂清洗油标观察窗板。

4. 处理方法

1）对存在该质量问题的齿轮箱油标组件进行更换。

2）在后续线路中的齿轮箱油标观察窗结构进行优化，采用圆形结构，如图 5-15 所示。

（1）箱体安装油标处设置防护结构，有防止外物打击的作用；

（2）油标中油标玻璃板采用耐有机溶剂的钠石灰玻璃，避免了螺纹锁固胶以及有机溶剂的影响。

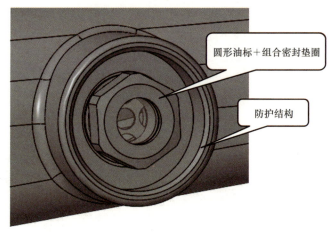

图 5-15　圆形油标示意

5. 防治措施

（1）设计联络阶段

对齿轮箱油标结构方案进行审查，建议采用上述优化方案（设置防护结构、油标玻璃板采用耐有机溶剂钠石灰玻璃）或其他更优方案；若要采用压板式油标结构，则应该综合考虑部件材质是否会发生化学反应。

（2）生产阶段

在车辆生产制造过程中加强检查，如发现质量问题及时要求整改。

第六节 地铁齿轮箱渗油

1. 质量问题描述

车辆在运营时出现批量齿轮箱法兰盘（包括内外侧）处渗油的情况（图 5-16、图 5-17）。

2. 问题图片

 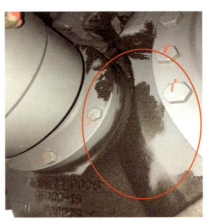

图 5-16 齿轮箱法兰盘处渗油（员华 摄）　　图 5-17 齿轮箱渗油（陈熙栋 摄）

3. 质量问题分析

1）对于法兰盘（包括内外侧）处渗油的齿轮箱，拆开箱体检查分析可能的原因有：

（1）列车运行时齿轮箱内大齿轮运转将润滑油甩出，轴承回油孔回油不畅，致使润滑油在迷宫环处堆积，再从大法兰盘呼吸孔处漏出。

（2）列车在运行时齿轮箱内外存在压差，密封结合面处的间隙存在渗油的可能性。

2）对于齿轮箱轴承座与箱体的结合面渗油的问题，分析原因为装配过程中未能正确使用齿轮箱平面密封胶，造成结合面密封失效，最终导致渗漏。

渗漏现象有滴挂和表面油污两种情形。润滑油渗漏严重时，在齿轮箱表面形成点滴状；渗漏轻微时，灰尘吸附在渗油处周边的油脂上面形成油污。

4. 处理方法

（1）对于法兰盘（包括内外侧）处渗油的齿轮箱，拆开齿轮箱法兰盘，根据实际情况，如 O 型圈变形，则更换 O 型圈然后重新打密封胶；O 型圈未变形，则在 O 型圈两侧重新打密封胶。

（2）对于齿轮箱轴承座与箱体的结合面渗油的问题，结合车辆维护周期确定解决方案，对存在滴挂现象的齿轮箱进行拆解复装。该解决方案基于齿轮箱/轮对在车体下且电机不进行拆卸的情况下进行，分开并拆除吊杆及齿轮箱侧的半联轴器，清洗迷宫端盖及周边（尤其是输入轴迷宫内圈与输入轴结合处），喷涂密封胶，恢复安装半联轴器并安装吊杆至齿轮箱，安装速度传感器、注油等。

5. 防治措施

1）车辆用户需求书编制阶段

要求供货商使用成熟可靠、有应用业绩的产品。

2）合同谈判阶段

齿轮箱作为车辆关键部件，质量优劣直接影响整车性能。在合同谈判阶段审查齿轮箱潜在分包商资质。

3）设计联络阶段

对齿轮箱密封方案进行审查，采用经过运营验证的成熟的密封方案。

目前，部分齿轮箱供货商针对齿轮箱渗油的问题，对密封结构进行了优化改进（见表 5-2 齿轮箱密封结构优化前后的对比）。优化前的齿轮箱结构仅设置一个减压腔，回油路径是从单个减压腔中直接回油至箱体。优化后的改进如下：

密封结构对比　　　　　　　　　　　　　　　　　　表 5-2

	优化前	优化后	备注
外观			齿轮箱下箱体增加了类凸肚结构（标红部分），以方便箱体内部回油
剖视			（1）零部件轴向布置一致。 （2）密封方面：优化结构仅设置一个回油腔，优化后齿轮箱增设 1 个减压腔，并在端面迷宫处增加折回以提高密封效果

续表

优化前	优化后	备注
密封部位放大示意		回油路径：优化前齿轮箱从单个减压腔中直接回油至箱体；优化后齿轮箱通过箱体法兰面内壁中的油孔回油

（1）在结构布置上，密封部位增加减压腔和端面迷宫折回，延长密封路径，提高回油效果；

（2）为更有利于润滑油回流，在箱体法兰面设置回油孔，使润滑油直接回流至箱体底部，有效降低回油阻力；

（3）同时为更好地实现设计功能，方便箱体内部回油，在齿轮箱下箱体车轴端电机侧底部设置凸肚结构。

优化后的结构在国内既有地铁线路已批量运用，运行情况良好。

4）首件检查阶段

检查主机厂及各分包商的质量管理体系，了解各部件处理工艺、密封措施、密封件的选型等。齿轮箱首件检查时，对齿轮结合面的处理工艺及现场操作流程应检查其合理性，齿轮箱跑合试验和油密性检查为必检试验项点。

5）生产阶段

如在调试及检修过程中发现齿轮箱渗油现象，应立即分析渗漏原因，确定整改方案和预防措施，避免类似情况发生。

第七节　牵引电机速度传感器与测速齿轮干涉

1. 质量问题描述

地铁车辆某牵引电机速度传感器探头与测速齿轮干涉，测速齿轮表面出现擦痕（图 5-18），导致速度传感器报故障（速度信号丢失）。

2. 问题图片

图 5-18　测速齿轮上擦痕（员华　摄）

3. 质量问题分析

测速齿轮在加工过程中局部变形、外齿圆偏心、端盖加工尺寸公差及装配公差累计，导致速度传感器探头与齿轮端面距离达不到装配要求。车辆运行时，探头因振动松动与齿轮干涉而摩擦。

4. 处理方法

（1）测速齿轮采用数控机床加工时，控制加工精度，保证各公差尺寸。

（2）在速度传感器装配后检查速度传感器与测速齿轮端面的距离。

5. 防治措施

（1）设计联络阶段

要求使用成熟可靠、有应用业绩的产品。

（2）首件检查阶段

审查工艺文件，检查测速齿轮加工过程的局部变形、外齿圆、端盖加工尺寸公差及装配公差等记录是否符合设计要求，抽查速度传感器与测速齿轮端面的距离是否达到图纸要求。

第六章 辅助系统

主要参编人员:赵朝星 张 迪 等

第一节　辅助逆变器箱内电缆线号老化

1. 质量问题描述

某地铁车辆在投入运营 5 年左右，出现辅助逆变器箱内的电缆线号严重老化并大面积脱落的情况，给日常检修特别是故障排查带来极大不便（图 6-1、图 6-2）。

2. 问题图片

图 6-1　线号老化严重（王亚汉　摄）

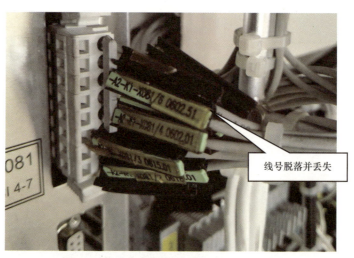

图 6-2　线号老化脱落和丢失（王亚汉　摄）

3. 质量问题分析

经检查，辅助逆变器箱内电缆线号老化属于新车制造时供应商设计选型不合理问题，该电缆线号选用的是快插式线号，其耐高温、抗老化等级不满足使用要求，在高温环境中线号外层胶套老化并脱落，导致线号丢失。

4. 处理方法

（1）将辅助逆变器箱内老化的线号，特别是发热元器件周围的线号全部更换为热缩套管式线号管。

（2）排查全车其他设备，检查电缆线号是否存在同样问题。

5. 防治措施

（1）咨询阶段

在用户需求书编制、合同谈判或设计联络阶段，须要求线缆两端的线号采用永久标识，耐高温、抗老化等级须满足车辆使用环境的各项要求及辅助逆变器箱内的工况。

（2）生产阶段

生产过程中加强抽查，检查主机厂或其供应商所选用线号的材质、型号、厂家、产品合格证等信息。

第二节 应急启动按钮按压时间过长

1. 质量问题描述

某线路列车当蓄电池馈电时（电压低于 DC84V），需采用脚踏泵升起受电弓取电，长按应急启动按钮使 SIV 应急启动，应急启动按钮按压时间需 20min 左右，给使用带来不便。

2. 问题图片

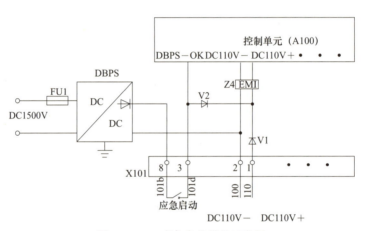

图 6-3　SIV 应急启动原理示意图

3. 质量问题分析

（1）蓄电池馈电情况下，充电时间长

根据列车控制电路设计，蓄电池输出接触器的断开阈值为 DC84V，闭合阈值为 DC96V，蓄电池输出接触器断开时则列车不能激活。

当蓄电池电压小于 DC96V 大于 DC84V 时，充电时间较短，只需几分钟就能使蓄电池电压上升至 DC96V 以上；当蓄电池馈电时（电压小于 DC84V），则充电时间需要 20min 左右，原因为充电机充电时的充电电流不变，充电电压略高于蓄电池电压。

（2）SIV 应急激活原理，导致应急启动按钮按压时间长

SIV 应急启动原理如图 6-3 所示，当蓄电池馈电时自动停止工作，SIV 控制单元切断 DC110V 常用负载供电，此时列车自动断激活。

当列车有 DC1500V 输入时，SIV 的应急启动模块（DBPS）启动，能够输出 DC110V，此时通过持续按压司机室应急启动按钮，将 DBPS 与 SIV 控制单元接通，SIV 控制单元得电启动 SIV 对蓄电池恒流充电，直至满足列车激活的电压值（≥DC96V）。

该过程需操作人员持续按住应急启动按钮直至列车激活，持续 20min 左右，这一操作方案不方便使用。

4. 处理方法

为解决该操作方案的不便性，对应急启动按钮重新选型，将自复位按钮更换为自锁式旋钮（图 6-4），列车激活后旋钮由人工复位，解决了需要长时间持续按压此按钮的弊端。同时，在司机操作手册和维护手册中说明在列车激活后须对应急启动按钮复位。

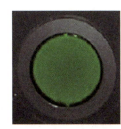 

图 6-4　左图为按钮右图为旋钮

5. 防治措施

1）设计联络阶段

（1）审查蓄电池充电特性、应急启动原理和充电操作方案是否合理。

（2）其他功能开关根据具体情况选型。

2）生产阶段

检查主机厂或其供应商所选用部件的材质、型号、厂家、产品合格证等信息，确认主机厂严格按照合同要求和设计方案采购。

第三节　蓄电池组无输出

1. 质量问题描述

   某项目列车出现蓄电池组无输出的故障。

2. 问题图片

图6-5　电解液漏渍（张迪　摄）

3. 质量问题分析

   通过对故障蓄电池组拆解，发现蓄电池组电解液泄漏引发内部故障（图6-5）。主要原因如下：

   （1）蓄电池组输入端电源（接触网或车间电源供电）的周期性波动，导致输入端电容寿命减少。

   （2）输入端电源（接触网或车间电源供电）直接对电容充电，未采取限流保护，当电源输入电流冲击过大时，造成熔断器烧损及输入电容损坏。

   （3）蓄电池组输入端电容采用电解电容，在电容损坏后电解液流入线路板引发电源内部故障。

4. 处理方法

   （1）采取限流保护措施。在输入端增加大功率防反二极管和大功率限流电阻（图6-6），对输入电源整流，消除大电流和周期性电源的影响。

   （2）把电解电容改成薄膜电容，防止电解电容漏液流入线路板内部引起故障。

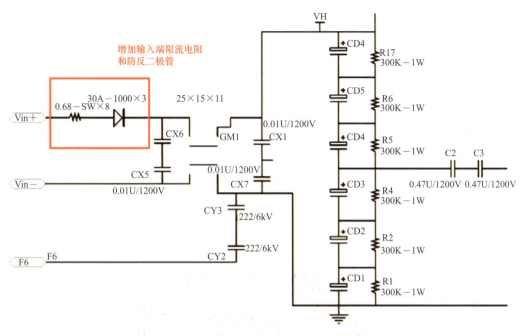

图 6-6　电路原理图

5. 防治措施

（1）咨询阶段

新车采购时，在用户需求书编制阶段或合同谈判阶段或在设计联络阶段，要求蓄电池组有限流、过压、断电等保护功能。建议输入端电容采用薄膜电容。

（2）生产阶段

在新车生产过程中加强抽查，检查主机厂或其供应商所选用部件的材质、型号、厂家、产品合格证等信息，确认主机厂严格执行合同要求采购此类部件。在试验时，确认蓄电池组保护功能符合设计要求。

第四节　辅助电源箱冷却风机电机烧损

1. 质量问题描述

某项目列车检修时，HMI显示辅助逆变器SIV报黄色故障，故障信息代码FANF（散热风机故障），经手动复位后故障无法消除。

2. 问题图片

图 6-7　风机轴承故障（赵朝星　摄）

3. 质量问题分析

检查情况如下：电机绝缘测试显示接地，手动转动风机有明显的不顺畅及轴承异响。

对故障冷却风机电机拆解检查分析，发现电机线圈烧损，后轴承过热，油脂干涸（如图6-7）。

轴承温升异常原因：风机供货商对于风机轴承温升的测试方法不符合标准（GB/T 25123.2—2010）要求，生产过程中将不满足使用要求的产品判定为合格产品。具体情况如下：风机实际工况主要在转速2300rpm下使用，抽取一台合格风机按照转速2300rpm进行低速工况模拟实验，测得后轴承运行温度达到了116K（环境温度28K），温升为88K。而实际柜台内部环境温度最高达到60K左右，再加上88K的轴承温升会直接导致轴承运行温度过高。技术规格书中要求轴承温升为50K，实际测试温度为88K，结合后续出现的故障风机数量，初步判断风机后轴承温升在转速2300rpm运行下不满足技术要求是造成此次现场质量事故的原因。

通过质量过程追溯发现：

（1）电机型式试验是根据供货商内部试验流程按照 30min 短时模拟工况进行温升测试，测试结果为满足要求。

（2）风机供货商进行风机整机测试时，使用的温升测试方法为直接测试电机外端盖温度，测试结果温升为 48.1K，满足技术要求，而电机外端盖处温度与轴承室实际温度存在较大误差（外端盖温度比轴承室低）。

因此电机、风机的主要性能轴承温升的测试方法不科学、不严谨，将不满足实际使用要求的产品判定为合格产品。

4. 处理方法

将该线路同型号风机产品全部更新。

5. 防治措施

（1）设计联络阶段

要求供货商使用成熟可靠、有应用业绩的产品部件；对于部分没有使用业绩的新产品和技术改进后未得到验证的产品应要求主机厂重点提出，并在后期车辆调试时重点关注产品故障率。

（2）在部件首件检查时

审查部件型式试验大纲和试验报告，重点审查各项试验方法是否符合规范、标准的要求。

第五节　车辆列车 24V 电源模块烧损

1. 质量问题描述

某线路运营期间车辆出现 24V 电源模块烧损（图 6-8）、2 台 24V 电源冗余功能失效引发列车外部照明无法工作的现象。

2. 问题图片

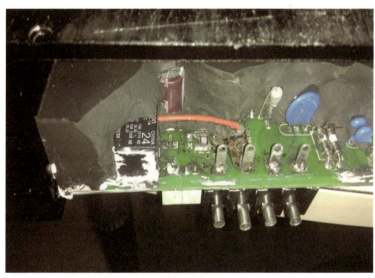

图 6-8　24V 电源模块内电容器烧损（刘郑伟　摄）

3. 质量问题分析

该项目车辆为 2 个单元 6 节编组列车，每个单元各一个 DC24V 电源且互为冗余，24V 电源负载有电笛、头灯和尾灯。

电源烧毁原因：由于 DC24V 电源输出线路没有电流吸收器件，电笛单独工作时有较大的能量冲击，导致 DC24V 电源的线路过电压和电源输出端口电容损坏。

冗余失效原因：图 6-9 为两台 DC24V 电源并联电路原理图，由于单个 DC24V 电源接地短路，两台 DC24V 电源前端共用的保护器 QF1 过流断开，从而导致另一个并联的 24V 电源也不能工作，造成了故障范围扩大。

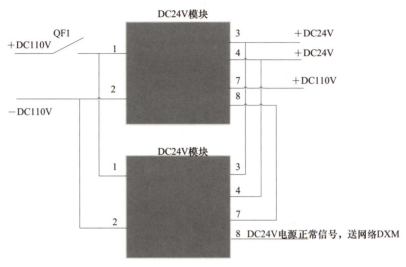

图 6-9　两台 DC24V 电源并联电路原理图

4. 处理方法

针对电源烧毁的解决方案：在 DC24V 电源的输出端（二极管后端）增加吸收电容（250V/68 μF）。

针对电源冗余失效的解决方案：

（1）优化冗余设计，两台 DC24V 电源输入端分别设置断路器（图 6-10）。即使单台 DC24V 电源内部发生短路故障，其前端的断路器将首先断开，不会导致另外一台 DC24V 电源失效；

（2）分别监视两台 DC24V 电源的故障信号，司机能有效区分一台或两台电源故障。

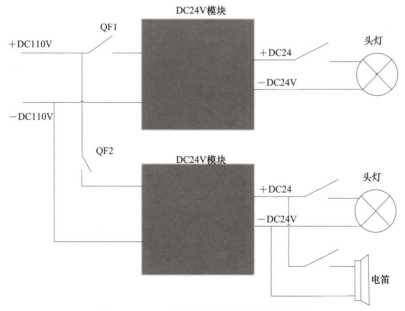

图 6-10　24V 电源模块冗余优化接线方案

5. 防治措施

（1）用户需求书阶段

要求选用具有成熟应用业绩的 DC24V 电源模块产品。

（2）设计联络阶段

审查主机厂 DC24V 电源的设计方案，须综合考虑短路、过流、过压、冗余等各种电气保护措施。

目前大部分城市线路车辆一般只有电笛、头灯和尾灯等采用 DC24V 电源供电，可以考虑在将来的项目中选用 DC110V 供电的产品，取消 DC24V 电源模块。

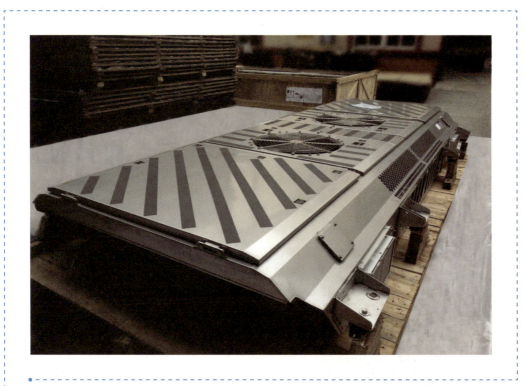

第七章　空调与通风系统

主要参编人员： 刘郑伟　贾云峰　等

第一节　废排风机生锈导致异响

1. **质量问题描述**

   某地铁车辆架修完成正线运营半年后，通风系统出现异响。

2. **问题图片**

图 7-1　废排风机内部生锈严重（王亚汉　摄）

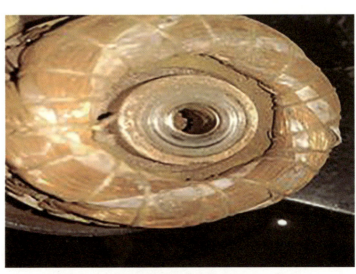

图 7-2　废排风机线圈布满锈粉（王亚汉　摄）

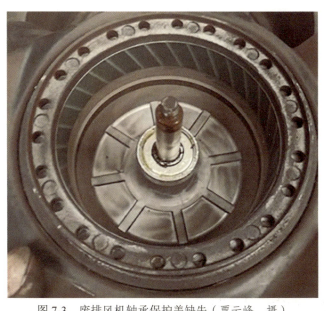

图 7-3 废排风机轴承保护盖缺失（贾云峰 摄）

3. 质量问题分析

经检查为 3# 废排风机异响，更换新件后恢复正常，证明是废排故障。检查故障废排风机时，发现轴承保护盖缺失（图 7-3），导致轴承密封性降低，造成轴承内部氧化生锈产生异响（图 7-1、图 7-2）。

该废排风机轴承保护盖缺失的可能原因如下：

（1）架修时漏装该保护盖。

（2）该保护盖变形，组装后无法完全紧固，交付运营一段时间后掉落。

4. 处理方法

（1）对异响的废排风机立即进行更换。

（2）普查所有列车的废排单元，发现防尘保护盖缺失或无法紧固，及时补装或更换。

（3）废排单元架修完毕，须经过质检人员专项检查确认合格后才允许装车。

5. 防治措施

（1）用户需求书编写阶段

车辆用户需求书须明确车辆使用地区自然环境气候特点、环境温湿度，各部件的 IP 等级要求须满足车辆运营环境的使用要求。

（2）生产阶段

在装车前应检查材质、厂家、产品合格证等，在车辆生产制造过程中加强检查，如发现质量问题及时要求整改。

（3）架修阶段

架修后在车辆调试过程中，应注意检查废排单元是否存在异响，如发现问题及时要求整改。

第二节 空调机组风阀执行器防护等级通病

1. 质量问题描述

某地铁车辆在投入运营 5 年左右，空调机组风阀（图 7-4）执行器，特别是新风阀执行器（图 7-5）出现老化并报故障。

2. 问题图片

图 7-4 新风阀（王亚汉 摄）

图 7-5 风阀执行器（王亚汉 摄）

3. 质量问题分析

经检查，空调机组风阀执行器故障属于新车制造时供应商设计选型不合理，新造厂家选用风阀执行器的防护等级（IP54）不满足使用要求，导致车辆运营至 5 年左右，风阀执行器线圈及其他内部配件老化并大面积发生故障。

4. 处理方法

在第一个架修期间将空调机组的所有风阀执行器更新。

5. 防治措施

（1）用户需求书编制阶段

明确车辆使用地区自然环境包含气候特点、环境温湿度，风阀执行器防护等级须满足车辆运营环境条件下的使用要求；要求供货商使用成熟可靠、有应用业绩的产品部件。

（2）设计联络阶段

建议增加风阀执行器的防护方案，满足车辆运营环境条件下的使用要求。

（3）生产阶段

车辆生产制造过程中加强检查，如发现质量问题及时要求整改。

第三节　冷凝风机温度传感器输入电源插头紧固螺钉生锈

1. 质量问题分析

某项目列车空调机组经过一段时间运营后，出现冷凝风机温度传感器输入电源插头紧固螺钉生锈现象（图 7-6、图 7-7）。

2. 问题图片

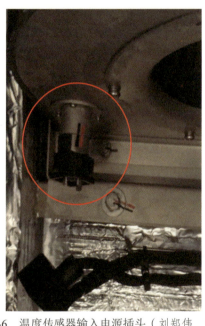 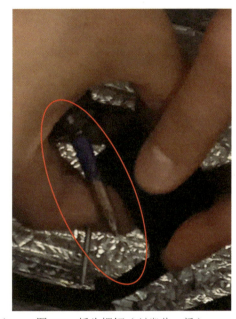

图 7-6　温度传感器输入电源插头（刘郑伟　摄）　　图 7-7　插头螺钉（刘郑伟　摄）

3. 质量问题分析

（1）紧固螺钉材质为碳钢，且防锈措施不达标。

（2）温度传感器输入电源插头密封达不到防水要求。

4. 处理方法

（1）紧固螺钉材质改为不锈钢。

（2）温度传感器输入电源插头重新选型，选择能够满足密封要求的接头（图 7-8 PG9 型防水接头）。

图 7-8　PG9 型防水接头（刘郑伟　摄）

5. 防治措施

（1）用户需求书编写阶段

明确空调机组及各部件的 IP 等级要求。

（2）设计联络阶段

要求供货商提交空调机组及各部件密封设计方案。

（3）生产阶段

空调机组的密封要求高，不仅有机组自身内部各器件密封要求，还包括机组与车体之间密封要求。在车辆生产过程，车辆进行淋雨型式试验和例行试验时，必须严格按照试验标准验证各种工况下空调机组的密封性能。

第八章　空气制动与风源系统

主要参编人员：曹兵奇　朱正凯　等

第一节　空压机启动后正上方客室内地板和立柱振感强烈

1. 质量问题描述

在某项目车辆调试时，出现空压机启动后其上方的客室内（以空压机为中心，半径2m范围内）地板和立柱振感强烈。

2. 问题图片

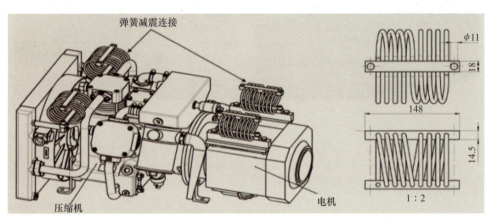

图 8-1　空压机钢弹簧减震连接

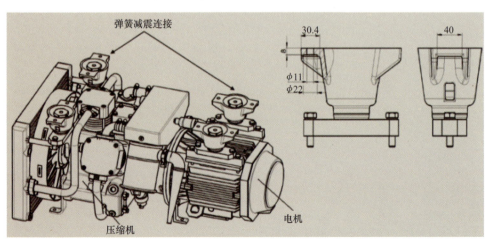

图 8-2　空压机橡胶弹簧减震连接

图 8-3　钢丝弹簧（曹兵奇　摄）

图 8-4　橡胶弹簧（曹兵奇　摄）

3. 质量问题分析

空压机上方的客室内（以空压机为中心，半径 2m 范围内）地板和立柱的振感是由于空压机的振动通过减震器、自身的吊架、底架主横梁、铝型材底架边梁、铝型材底架地板、客室内地板橡胶件、客室内铝蜂窝地板、地板布及立柱传递到乘客的足部和手部，这其中的每个环节都在起作用，分析时将它们分成两大类，即振源和传播路径。

振源分析：振源是空压机本身，由电机、吸入消音器、活塞压缩机构、散热板及风扇组成，其中任何部位的变化都会改变振动频率或强度。

振动频谱分析：振动的频谱从 0 ~ 1000Hz，其中振幅及能量集中在 25Hz，将这部分能量通过下面的传播途径削弱。

传播路径分析：空压机的振动是比较大的，要想客室内的乘客振感不明显，需要通过相应的结构措施来进行隔振、吸振，并合理设计局部车体结构（含横梁吊挂结构）使其自身频率避开共振频率，最终减小传递到乘客肢体的振动能量而使其振感不明显。

空压机自身的减震器是传播路径中最重要的振动能量吸收结构，对振动变化影响起到决定性作用。经过计算，局部车体结构（含横梁吊挂结构）一阶频率为 16.55 Hz，与空压机的主振动频率 25Hz 比较，两者不会产生共振。车内地板橡胶件、铝蜂窝地板、地板布结构组合可以吸收振动。

经振源分析和振动传播途径分析，对比其他同类项目经验，得出结论为空压机对应客室部位振感强烈是由于空压机自身结构改变造成其自振频率发生了改变，变化后的频率和车体固有频率接近所致。

4. 处理方法

减小振感的办法是改变振源或改变传播路径，本着改动量最小、用时最短、效率最高、效果明显的原则。在通过钢丝弹簧和橡胶弹簧振动测试的基础上，更换振动传播路径中起关键作用的空压机减振器,将钢丝簧减振器更换为小刚度橡胶减震器(图 8-1～图 8-5)。

图 8-5 钢丝弹簧和橡胶弹簧振动测试(曹兵奇 摄)

从振动测试数据来看(表 8-1),橡胶减振方式相较于钢弹簧式更能有效减少垂直方向的振动力。

振动测试数据 表 8-1

空压机组振动试验	测试点 1 (空压机侧)	测试点 2 (电机侧)	测试点 3 (电机侧)	测试点 4 (空压机侧)
没有振动元件	334.2 N	131.2 N	183.9 N	326.8 N
钢弹簧减振	70.2 N	47.8 N	38.5 N	62.2 N
橡胶弹簧减振	24N	8 N	17 N	26 N

5. 防治措施

(1)在设计联络阶段,通过审查空气压缩机、减震器、自身的吊架、底架主横梁、铝型材底架边梁、铝型材底架地板、客室内地板橡胶件、客室内铝蜂窝地板、地板布及立柱(这个频率是否能提供)等部件的固有振动频率,避免振源本身与传播路径上的其他部件产生共振。

(2)风源模块内空压机电机组在工作时必然会产生相应振动,通过采用合适的减振元件能消减大部分的振动,橡胶减振器相对于钢弹簧减振元件在减振效果方面更明显,建议优先采用橡胶减震器。

第二节　空压机连接安全阀接口螺母松动

1. 质量问题描述

　　某车辆架修后，空气压缩机上的安全阀连接接头螺母防松标识线错位，螺母松动（图 8-6）。

2. 问题图片

图 8-6　空压机安全阀（曹兵奇　摄）

3. 质量问题分析

　　根据架修规程和方案，空压机委托外修返厂后，前端的部分接头须更新成不锈钢接头，该螺母须拆卸后重新紧固。分析该螺母在车辆运行 3 个月后出现松动的原因可能如下：

　　（1）作业人员更新不锈钢接头时没有对其进行紧固。这可能性较小，若没有紧固，管路会漏气，无法通过列车管路泄漏试验。

　　（2）主机厂作业人员对其紧固，但没有紧固到位。空压机在运行时振动较大，导致该螺母渐渐松动。这种情况可能性较大。

4. 处理方法

（1）该螺母重新紧固，并规范化防松标识线。

（2）提高工人质量意识，对该质量事故进行宣贯。

（3）加强该作业工序的质检工作，互检和专检人员在质检时对该部位的固定螺母进行紧固检查。

5. 防治措施

1）制度检查：建立有效的检查制度，如：设立专门的质检人员、建立互检制度等，同时督促架修单位在车辆移交前对车底关键紧固件的扭力进行全数检查，避免出现类似情况。

2）制度履行程度检查：对架修单位建立的制度进行检查，检查其履行程度。

（1）检查架修单位的检查记录，如：履历表，互检确认单等。

（2）对完成架修车辆空压机安全阀连接接头螺母进行抽检，并将抽检结果记录存档。

（3）检查车底关键紧固件的扭力的质检记录。

第三节　空气压缩机干燥塔故障无监测

1. 质量问题描述

　　某线路车辆架修时，发现制动系统风缸、管路存在少量积水（图 8-7）。

2. 问题图片

图 8-7　主风缸内积水排出情况（赵朝星　摄）

3. 质量问题分析

　　（1）经检查，该车空气压缩机一台干燥塔发生故障，且故障信息未在 TCMS 上显示，因此故障干燥塔未能被及时发现处理。空气压缩机是双干燥塔轮流工作的，当轮到故障干燥塔工作时将无法对风源进行干燥处理，导致干燥度不满足要求的空气进入风缸、管路、制动系统控制板和阀体。

　　（2）对本项目空气压缩机管理方案分析，发现列车故障监测及诊断系统未对干燥塔的工作状况进行监测。因此当干燥塔发生故障不能正常工作时，不能被及时发现。

4. 处理方法

（1）将故障干燥塔修理。
（2）将风缸、管路及阀体排水。
（3）将控制板和阀体进行返修。

5. 防治措施

1）编制用户需求书阶段
建议增加对空气压缩机干燥塔工作状态监测的功能，且干燥塔状态须在 HMI 屏显示。要求选用有成熟应用业绩的风源系统。

2）设计联络阶段
审查空气干燥塔工作状态监测功能的实现方案。

3）生产阶段
首件检查时，对风源系统的空气质量进行检测，检查干燥塔的工作情况。
车辆调试例行试验时对所有干燥塔的工作状态进行检查确认。检查方法如下：
（1）当空压机工作时，干燥塔开始工作，每 2min 排泄油污一次，检查两个干燥塔是否轮流工作，且排水正常；
（2）测量气压测试口的湿度，使用压力露点计测试（要求空气相对湿度不大于 35%），待露点计读数稳定后再读取并记录数据（正常情况下，读数为 10% 以下）。

第四节　制动系统管路接头及锁紧螺母锈蚀

1. 质量问题描述

在某线路车辆委外架修作业过程中，发现车底及转向架风管三通接头和锁紧螺母有不同程度的锈蚀。

2. 问题图片

图 8-8　制动系统管路（赵朝星　摄）

图 8-9　制动管路接口螺母（赵朝星　摄）

3. 质量问题分析

经检查，车底及转向架风管三通接头和锁紧螺母有不锈钢和碳钢两种材质。车底及转向架在实际运营过程中的使用环境较为恶劣，伴有灰尘、油泥、空气湿度大、酸性腐蚀、雨水等，碳钢材质的风管接头容易被腐蚀，长此以往，存在质量安全隐患。

此类风管接头及锁紧螺母材质属于新车生产遗留问题，车辆供货商以次充好，采用价格低廉、耐腐蚀性弱、寿命短的碳钢材质部件代替抗腐蚀强、寿命长、质量优越的不锈钢材质部件。

4. 处理方法

生锈的 B40 风管三通接头进行除锈并增加防护措施，严重生锈的接头做更新处理；B41 风管三通接头因管壁较薄无法除锈，全部做更新处理（如图 8-8、图 8-9）。

5. 防治措施

（1）用户需求书编制阶段

对此类管路及管接头材质进行要求，建议直接要求采用不锈钢材质。

（2）生产监造阶段

加强抽查，新的镀锌碳钢材质部件与不锈钢材质部件不易分辨，可以使用磁力棒（磁铁）进行确认，吸附感较强的为碳钢材质，无吸附力或吸附力较弱的为不锈钢材质，对吸附力较弱的管路或接头需进一步找工艺进行核实，确认其抗腐蚀能力是否满足使用要求。

第五节　基础制动单元软管裂纹

1. **质量问题描述**

某线路车辆架修后，在试车线上动调时基础制动单元（TBU）的常用制动软管（图 8-10）破裂漏气。

2. **问题图片**

图 8-10　TBU 常用制动软管裂纹（赵朝星　摄）

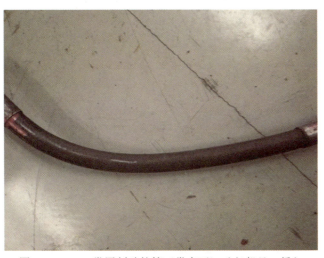

图 8-11　TBU 常用制动软管（常态下）（赵朝星　摄）

图 8-12　TBU 停放制动软管（常态下）（赵朝星　摄）

3. 质量问题分析

经检查分析，故障软管拆解后，常态下（图 8-11、图 8-12）是难以发现软管裂纹的，且软管存在裂纹也不一定漏气，软管安装弯曲后裂纹扩大至裂穿软管内壁，致使软管漏气。

4. 处理方法

该架修项目的 TBU 软管（含常用制动软管和停放制动软管）架修技术规程要求为故障更新。架修作业中需拆解检查，安装后需气密性试验，到达运营单位再次进行气密性检查，气密性检查用试漏剂喷在管路表面测试无泄漏方可判断合格。

为防止裂纹或老化软管继续使用，排除漏气隐患，修订架修技术规程，将 TBU 软管全部更新。

5. 防治措施

TBU 软管属制动系统关键部件，一旦软管漏气将导致 TBU 制动不良，造成车辆制动距离超差甚至停不了车，后果不堪设想。

针对该项目架修实际情况，大部分 TBU 软管存在不同程度的老化甚至裂纹，且软管老化（或出现裂纹等）随时间延长会更加快速，如不及时处理，后续运营存在安全隐患。

（1）编制用户需求书阶段

明确制动软管使用寿命要求。

（2）设计联络阶段

要求主机厂提交制动软管的选型报告。

（3）车辆生产阶段

按照工艺要求对软管的安装状态（角度、弯曲半径等）进行检查，抽检软管质量，检查软管外观、合格证等。列车调试验收阶段，检查列车气密性是否符合合同和设计要求。

（4）架修阶段

建议将所有软管更新处理，对新的软管做好质量监控，要求有质量检验证书、安装说明等。

第九章　其他

主要参编人员： 刘勇军　陈　彬　等

第一节　车底紧固件、部件严重锈蚀

1. 质量问题描述

某项目车辆转向架的构架、轴箱、一系垂向减震器、一系刚弹簧、T型块、转臂定位橡胶关节、一系限位装置、二系垂向减震器等部件及其紧固件都有不同程度的锈蚀，有部分严重的已经影响到正常使用（图9-1～图9-3）。

2. 问题图片

图 9-1　高度阀（蒋俊　摄）　　图 9-2　紧固件（蒋俊　摄）

图 9-3　停放制动缓解拉绳（蒋俊　摄）

3. 质量问题分析

该项目所在地区年平均湿度较大，多雨水且年降水 pH 值较低（约 4.7），生锈问题在当地地铁车辆上普遍存在。锈蚀部件的耐酸性无法满足当地使用环境。

4. 处理方法

转向架作为电客车重要系统，其各部件和紧固件生锈会使部件强度和紧固件紧固功能受到影响，严重缩短转向架寿命，继续运营则存在安全隐患。

（1）对紧固件重新选型更新，在保证紧固件强度的前提下，经防腐蚀性能试验（表 9-1），镍锌合金紧固件防腐蚀能力更强。要求更换防腐蚀能力更强的镍锌合金材质紧固件。

（2）对生锈部件，在架修过程中由主机厂负责处理，提供架修前期间的质量保证。

同时，试验验证过程也对防锈油做了对比，GBX-1.3 快干硬膜防锈油效果较好，可考虑采用快干硬膜防锈油。

各型螺栓试验对比表　　　　　　　　　　　　　　　　　　　　　　表 9-1

试验螺栓种类	验证时间	安装位置	跟踪情况	备注
镀锌螺栓（盐雾试验合格）	1.5 年	一系垂向油压减振器下方安装螺栓 一系弹簧橡胶垫外侧安装螺栓 转臂定位座安装螺栓 二系垂向油压减振器下方安装螺栓	严重生锈	放弃跟踪
镀锌铬涂层螺栓（达克罗）	1.5 年	一系弹簧橡胶垫外侧安装螺栓 二系垂向油压减振器下方安装螺栓	严重生锈	放弃跟踪
镀锌镍螺栓（格姆特）	1 年	一系垂向减振器安装螺栓 抗侧滚装置安装螺栓 二系垂向减振器安装螺栓	轻微生锈	镀锌镍螺栓抗腐蚀性较强，加涂防锈油可有效避免生锈，且成本低，建议使用
镀 EXO（柏中）	1 年	一系垂向减振器下方安装螺栓	未生锈	专有技术，独家供货商，且成本高
不锈钢螺栓	8 个月	二系悬挂、二系垂向减振器安装螺栓、高度调节装置、基础制动装置、转向架布线	未生锈	强度略低，不适用于 8.8 级以上强度，且成本较高

5. 防治措施

（1）车辆用户需求书编制阶段

车辆使用地区自然环境除了气候特点、环境温湿度，建议增加使用地区的污染特征（大气污染物的年日均值、雨水的 pH 值等）。

（2）设计联络阶段

审查主机厂根据技术规格书的地区气候条件设计的防锈方案，包含拟选用紧固件的防锈性能和防锈方案，重点审查各部件的材质报告、耐腐蚀试验报告及防锈处理工艺等文件。

针对类似地区环境较为恶劣、腐蚀严重的情况，建议在防腐材质表面再增加防腐蚀措施，如在达克罗紧固件表面刷防锈油或其他油脂。

（3）生产至交付阶段

材料进场时进行检查，确认是否为设计联络阶段确定选用的品牌型号，并对材料进行抽检（送第三方检测机构进行检测），以证明材料满足合同技术要求。

首列车到达用户现场后，检查车辆紧固件的腐蚀情况。若腐蚀严重须及时分析原因，采取有效措施整改，如更换被腐蚀材料或采取其他防腐措施，避免后续交付列车的大范围整改。

第二节　车门滑动组件油杯不出油问题

1. 质量问题描述

某线路车辆客室侧门携门架滑动组件上用油杯注入油脂时不出油（图 9-4）。

2. 问题图片

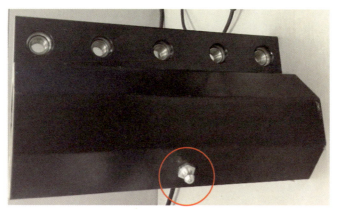

图 9-4　携门架注油口（金焰　摄）

3. 质量问题分析

导致此类问题发生的原因有以下三种：

（1）故障件油杯封口端偏小（比合格的出油口小 0.5mm），导致注油时流量小；

（2）油杯前端面有破损，导致油枪枪头连接时容易卡死，注油时油枪枪头橡胶口被堵住而无法注油；

（3）油杯内部有杂质，注油时弹簧卡住，钢珠无法缩回，导致无法注油。

通过现场调查后分析，第三个原因是导致无法注油的主要原因。

4. 处理方法

（1）油杯装钢珠、弹簧前严格清理，不得有杂质，如切销。

（2）油杯封口后，清理进入油杯中的杂质。

（3）每次注油时，将油枪枪头清理干净。

5. 防治措施

（1）设计联络阶段

要求供应商提供详细的操作说明书，并对油杯、注油的注意事项进行审查，视情况要求供应商提供注油油枪样品。

（2）生产制造阶段

抽检车门滑动组件、油杯的外观及质量，保证装车部件无破损、变形等。

第三节　车辆线缆布线施工常见问题

1. 质量问题描述

在车辆组装布线过程中，经常出现线缆过线孔（或隔板）无线缆保护措施、线缆弯曲半径过小、布线路径不合理等问题。

2. 问题图片

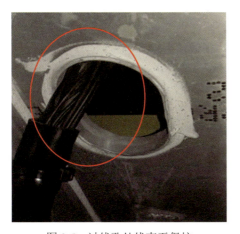

图 9-5　过线孔处线束无保护
（刘郑伟　摄）

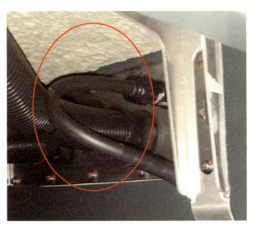

图 9-6　速度传感器电缆弯曲半径过小（刘郑伟　摄）

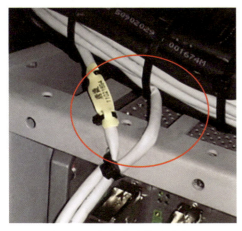

图 9-7　电气柜内线缆布线路径不合理（刘郑伟　摄）

图 9-8　电气接头线缆折弯严重
（刘郑伟　摄）

3. 质量问题分析

过线孔处线束无保护（图9-5）、速度传感器电缆弯曲半径过小（图9-6）、电气柜内线缆布线路径不合理（图9-7）等问题是由于现场施工人员未按布线工艺要求进行作业；电气接头线缆折弯严重（图9-8）是由于部件厂家生产接线时线缆压弯导致折弯严重。

4. 处理方法

（1）按照工艺要求，线缆过线处增加线束绑扎胶皮进行保护，同时加强对类似位置的线缆保护措施检查；线缆弯曲半径按相关标准规定重新布线。

（2）优化线缆布线路径且绑扎固定，同时要求部件供货商修订工艺文件相应内容（整改结果如图9-9～图9-10）。

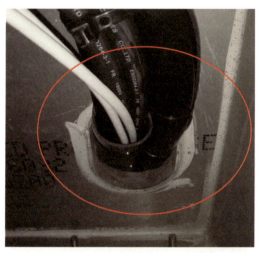
图9-9　过线孔增加胶皮保护（刘郑伟　摄）

图9-10　调整线缆弯曲半径（刘郑伟　摄）

图9-11　调整线缆布线路径（刘郑伟　摄）

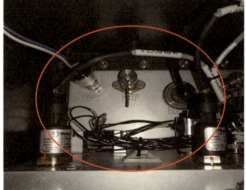
图9-12　优化布线工艺（刘郑伟　摄）

5. 防治措施

1）在开工审查时

检查工艺文件中是否有对特殊部位如过线孔、线槽边缘等采取保护措施（线槽、过线孔所有可能划伤电缆的地方都采用如胶皮、卡箍、橡胶线套等）；弯曲半径会影响屏蔽电缆的 EMC 效应，所以电缆敷设时的最小弯曲半径不应小于相关产品资料或电缆标准中规定的要求。涉及线缆保护和弯曲半径的标准内容摘录如下：

（1）电线电缆保护须符合标准 TB 1484 中第 4.12 条"电线电缆出入线槽、线管及穿过金属隔板的孔、口时，必须加以防护。所有各孔、管口应加绝缘套（有油处应耐油）或用绝缘物包扎"的规定。

（2）电线电缆弯曲半径符合标准 TB 1484 中第 5.2 条"当电缆直径小于或等于 20mm 时，弯曲半径应大于或等于电缆外径的 3 倍；当电缆直径大于 20mm 时，弯曲半径应大于或等于电缆外径的 5 倍"的规定。

（3）屏柜布线符合标准 TB 1508 中第 5.4.3 条"导线穿过金属板（管）孔时，应在板（管）孔上装有绝缘护套（出线环或出线套）"和第 5.4.6 条"导线弯曲时，过渡半径应为导线外径的 3 倍以上，导线束弯曲时也应符合该要求，并应圆滑过渡"的规定。

2）在首列车生产过程中检查特殊部位如过线孔、线槽边缘等保护措施及线缆弯曲半径的落实情况是否满足工艺文件要求。

第四节　车辆生产过程物料使用错误

1. 质量问题描述

在某项目首列车试制过程中出现车下线槽组装作业使用非本项目隔板，与设计图纸不一致。

2. 问题图片

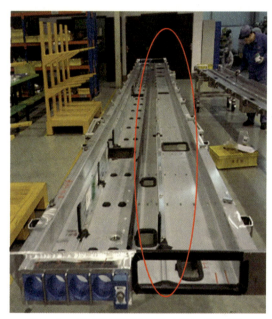

图 9-13　车下线槽隔板示意（湛江平　摄）

3. 问题分析

试制作业时，现场物料较多，工人使用错误物料。属于人为疏忽原因。

4. 处理方法

核实物料信息，确认现场隔板物料使用错误。限期要求拆除不正确的物料，使用本项目隔板（图 9-13）。最后，给相关部门发送质量不合格通知单，要求引以为戒，举一反三，杜绝类似问题再次出现。

图 9-14　物料合格证已注明项目名称（湛江平　摄）

5. 防治措施

生产过程中，用错物料的类似情况并不鲜见。在该项目生产监造过程中曾遇到受电弓、避雷器使用错误物料，车辆连挂时车辆方向错误等现象。因此，必须重点关注现场物料是否使用正确，具体如下：

（1）检查物料上的合格证或其他标识，确认是否为用于本项目的物料（图 9-14）；

（2）本项目部物料在生产过程中发生变更（如优化、改进、替换、取消）时，必须确保前期已安装的该物料全部处理，应记录好处理跟踪清单，做到有据可查。

第五节　设备标签问题影响检修

1. 质量问题描述

某项目车辆试制过程中，发现蓄电池电压表和网压表的极性标签粘贴位置不易观察，不干胶标签示意图标签编号与相对应实物标签编号不一致，继电器柜面板不干胶标签中备用开关处无"备用"标签等问题。

2. 问题图片

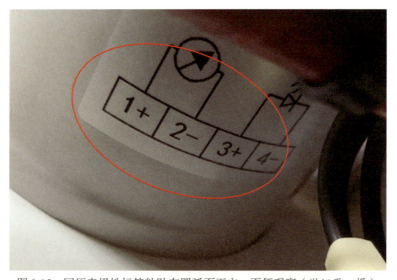

图 9-15　网压表极性标签粘贴在圆弧面下方，不便观察（湛江平　摄）

图 9-16　不干胶标签示意图标签编号与相对应实物标签编号不一致（湛江平　摄）

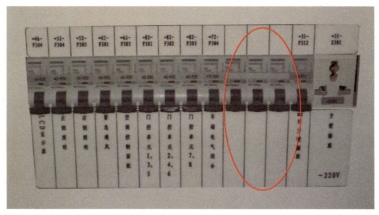

图 9-17　备用空气开关处无"备用"标签（湛江平　摄）

3. 质量问题分析

网压表极性标签粘贴在圆弧面下方（图 9-15），不便观察。因仪表供货商为方便生产将标签直接贴在圆弧面处，车辆供货商只检查是否有相应的标签，两级供货商都未考虑将来运营方检修作业方便性问题。

不干胶标签示意图标签编号与相对应实物标签编号不一致（图 9-16），以及备用空气开关处无"备用"标签（图 9-17）问题的出现可能有两种原因：一是设计部门提供的信息有误，二是生产部门未按照设计要求生产。

4. 处理方法

针对网压表极性标签粘贴在圆弧面下方而不便观察的情况，要求将极性标签粘贴在易于运营检修观察的位置（图 9-18），其他类似标签同样要求。

图 9-18　优化方案（湛江平　摄）

针对不干胶标签示意图标签编号与相对应实物标签编号不一致和备用空气开关处无"备用"标签的问题，根据电气原理图认真核对每一部件的标签是否与示意图一一对应，并找出差异项，要求及时整改（图9-19、图9-20）。

图9-19 整改结果（湛江平 摄）

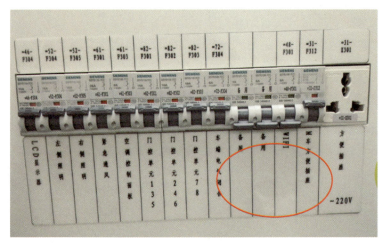

图9-20 面板备用处增加"备用"标识（湛江平 摄）

5. 防治措施

因整列车的标签繁多，而且标签的指示作用重要，正确粘贴标签为运营检修部门查找设备、线缆带来极大方便。因此在监造过程中必须确保各个部件标签的正确性及完整性。

第六节　接线问题导致牵引功能失效

1. 质量问题描述

在某地铁车辆架修期间，车辆调试时，出现 A1 端牵引功能失效，无法正常牵引的情况。

2. 问题图片

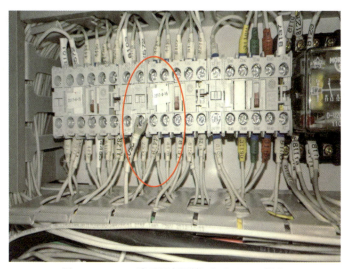

图 9-21　2507 端子没插到位（王亚汉　摄）

3. 问题质量问题分析

经调查，发现 A1 车司机室电气柜 8KA10 右门关好继电器的辅助触头 34 点位 2507 端子没插到位（图 9-21）。

按照该项目架修规程规定对车辆（4 节编组）"8KA10 右门关好"继电器进行更新，所以 8KA10 继电器及其辅助触头必须更换。

作业人员在对该继电器进行更新作业时，先对该继电器的线号（图 9-21）进行登记，随后更换新件并接线，该端子有 2 根 2507 线，其中 1 根 2507 线没插到位。自检阶段未发现问题。

互检人员负责检查整个电器柜的接线状态、接线端子的紧固、线号状态等的作业情况。其中一根隐藏在线缆后面的 2507 线，由于互检人员的疏忽未检查。互检阶段也未发现问题。

事件过程中，该工序的自检和互检未严格按要求执行，导致接线插接不到位的情况未被及时发现。

4. 处理方法

将 2 根 2507 线正确接入对应的继电器触点,牵引功能恢复正常。

5. 防治措施

(1)对于列车接线作业,须规范作业人员的操作。按钮、继电器更新作业前,要求正确记录好相关的线号及对应点位;更新作业完成后,互检人员须根据线号表进行查线核查,确保接线数量和点位无误,安装牢固无松脱。

(2)须做好监督检查工作,检查现场作业的自检、互检情况及作业记录是否完整。

(3)对已完成继电器更新的作业进行抽查,检查按钮、继电器的线号及对应点位是否正确。